아이를 공부하는 엄마

엄마가 네 남매를 키우면서 겪은 에피소드를
묶은 육아서이자 에세이

머리글

 2009년에 필명으로 낸 <아이를 공부하는 엄마>라는 제목의 책이 세상에 나온 지 15년이 됐습니다. 15년 만에 제 본명으로 같은 제목의 책(개정증보판)을 내면서 여러 가지 생각이 듭니다.
 책 제목처럼 저는 많이 부족한 엄마였습니다. 네 명의 아이를 키우면서 여러 시행착오도 겪고 좌절도 경험하면서 깨달은 건, 내 아이에 대해 제대로 공부해야겠다는 것이었습니다. 아이의 성격이나 습성도 모르면서 무조건 아마추어적인 내 교육관만 주장하는 건 자녀 교육에 아무런 도움이 되지 않는다는 걸 알았습니다. 그렇게 해서 세상에 나온 책이 <아이를 공부하는 엄마>였습니다.
 저는 육아 전문가가 아닙니다. 육아와 관련된 그 어떤 자격증도 없습니다. 자녀 넷을 다 명문대학에 보낸 것도 아니고, 그렇다고 아이 넷 중 어느 하나가 세상에 이름을 알릴 정도로 뛰어난 재능을 가진 것도 아닙니다. 집안이나 학벌이 좋은, 소위 엘리트집안의 이야기도 아닙니다. 그저 평범한 소시민이, 누구나 겪을 수 있는 소소한 일들을 겪으며 아이 넷을 키워내는 이야기입니다. 그럼에도 이 이야기가 책으로 나온 이후 대중의 관심을 받고 언론에 소개되고 TV 프로그램에까지 소개가 된 것을 보면 저도 어리둥절합니다. 아마도 대부분의 부모들이 똑같은 고민을 하고 있었기에 제 이야기가 더 많은 공감을 얻은 듯합니다.

15년 동안 참 많은 일들이 있었습니다. 우리나라는 물론 전세계적으로도 엄청난 사건·사고와 변화가 있었지요. 사회의 전반적인 인식들도 많이 변했습니다. 전에는 당연시되던 것들이 문제가 되는 시대가 왔고, 전에는 문제가 되던 것들이 이제는 아무렇지도 않습니다. 그렇지만 여전히 자녀 교육만큼은 현재를 살아가는 부모들에게 큰 숙제입니다.

<아이를 공부하는 엄마>를 쓸 당시 유치원-초등학생-중학생-고등학생이었던 네 명의 아이들이 이제는 모두 성장해서 사회 곳곳에서 제몫을 하고 있습니다. 또 당시에는 유치원 수업료나 중·고등학교의 급식비, 고등학교의 등록금이 무상이 되기 전이라서 한 달에 나가는 교육비가 어마어마하게 지출될 때였습니다. 15년의 세월만큼 켜켜이 쌓인 많은 이야기들이 이 책을 통해 전달될 것입니다. 때로는 웃고 때로는 울며, 또 화도 내고 싸우기도 하며 15년을 또 살아왔습니다. 그러는 사이 엄마인 저 역시도 많이 성장했습니다.

15년 전에는 네 명의 아이들과 지지고 볶으면서 삶에 찌들어 살던 젊은 엄마에서, 15년이 지난 지금은 아이들 넷 모두 잘 키워놓고 저 역시도 더불어 잘 성장해서 조금은 여유로운 중년의 엄마가 됐습니다. 또한 그때 제가 돌보았던 이웃의 아이들도 잘 자라서 아주 멋진 모습으로 제게 인사를 하러 찾아오기도 합니다.

아이들의 성장 이야기, 그 가운데서 만난 이웃의 아이들 이야기, 또 아이들과 더불어 함께 성장한 엄마의 이야기, 그리고 주변 사람들의 이야기까지……. 이번 책에서는 그저 담담히 제가 지나온 15년의 삶에 대한 이야기를 소탈하게 풀어내려 합니다.

　15년 전에 썼던 이야기들이 약간의 수정만 거친 채 앞부분에 그대로 실려있고, 15년 후인 현재의 이야기는 제5장 부분에서 자세히 다룹니다. 이 책을 쓴 것은 누군가에게 지식이나 교육을 주기 위한 목적이 아닙니다. 동시대를 살아가는 평범한 이웃의 이야기이자 내 이야기이기도 합니다. 누구라도 이 글을 읽고 단 한 부분이라도 공감하는 내용이 있다면 그것으로 족합니다. 소탈한 이웃의 소박한 이야기로 읽어주십시면 좋겠습니다.

　처음 <아이를 공부하는 엄마>가 나왔을 때 멋진 추천사를 써주셨던 故차동엽 신부님께 감사인사를 드립니다. 돌아가셨다는 말을 뒤늦게 듣고는 마음이 참 아팠습니다.

　또 당시에 추천글을 써주셨던 인천여성회 김영란 회장님, 박윤후 작가님께도 다시금 감사의 말씀을 전합니다.

　든든하다며 모든 짐을 다 떠안겼던 첫째에게는 정말 고맙고, 알게 모르게 비교하며 상처주었던 둘째에게도 미안한 마음을 전합니다. 여러 형제들 틈에 끼어서 외로웠을 셋째도 잘 커주어서 기특합니다. 막내라는 이유로 늘 관심의 밖에 둔 것 같아 아픈 손가락이 되어버린 넷째도 어엿한 성인이 되어 대견합니다. 30년을 한결같이 제 옆을 지켜주고 가장 큰 지원군이 되어준 남편에게 한없는 애정을 보냅니다.

2025년 새봄을 맞이하는 안서동 골짜기에서

아이를 공부하는 엄마

1장
인내
참는 엄마가 이기는 엄마다

틱장애
틱장애를 발견하다 15

수업 땡땡이치기
학교 수업을 빼먹다 20
해결방법의 차이 22

왕따와 폭력을 당한 아이
아파하기보다는 이겨내는 방법을 가르쳐라 24

방학 보충수업과 야자 빼기
무조건 내 아이 편들어주기 27

야자시간에 화투를 친 사건
학생부에서 전화가 걸려오다 30
부모의 해결방법에 따라 다른 행동을 보이는 아이들 32

핸드폰 분실사건
고가의 핸드폰 구입 34
핸드폰을 분실하다 35
선생님께 도움을 청하다 37

꼬맹이 다루기와 야뇨증
엄마는 마귀할멈 39
야뇨증 치료 40

여섯 살짜리와의 기싸움
기가 센 아이 43
엄마가 확실히 주도권을 잡아야 한다 44

2장

소통
내 아이는 내가 가장 잘 안다고?
천만의 말씀!

학교 선생님에게 피멍이 들도록 맞고 온 사건

- 49 　냉정한 심장이 필요하다
- 51 　지식을 가르치는 교사와 인성을 가르치는 선생
- 54 　마지막으로 선생님들의 권위를 세워주라

가수가 되고 싶어요

- 57 　허황된 꿈
- 59 　직접 부딪히게 하라
- 60 　아이의 편에 서라

말 한마디의 파급력

- 63 　도서관에 가지 못하는 아이
- 66 　잘못된 말은 똑바로 가르쳐주어야 한다

사춘기 아들의 반항과 눈물

- 70 　사춘기를 가장 힘겹게 겪는 시기, 중학생
- 71 　아빠의 일을 따라간 아들

부자간 대화의 시작

- 75 　모든 대화는 문제 해결의 출발점이다

마음이 아픈 아이의 요리수업

- 78 　특별하고 즐거운 놀이, 요리하기
- 80 　아이들의 마음을 들여다볼 수 있다

내가 다 옳지는 않다는 깨달음

- 83 　아빠의 무관심
- 85 　밝아진 아이의 표정

가출한 아들의 친구

- 88 　밥을 주는 것보다, 마음을 읽어주기

불량 애기 씨

- 92 　동생에게서 받는 스트레스
- 94 　형제간의 균형 맞추기

3장

관심
관심이 아이를 바꾼다
하지만 지나친 관심은 서로에게 상처를 줄 수도 있다

서서히 변하는 아이들
글로 표현하는 여러가지 방법들 99
아이들 스스로 표현하도록 만들어라 101

소아불안척도(SAIC) 위험
아이의 상태를 정확히 알아야한다 104
본격적인 치료에 들어가다 107
치료곡선 111

치료의 지속과 중단
심리적인 면역력 키우기 113
친구의 마음을 치료하다 114

한꺼번에 전교 150등의 성적을 올리다
동기부여 117
부모와 함께 공부하기 118
스스로 공부하기 120

9살, 밥을 굶던 그 아이
관심을 가지다 123
행동으로 옮기다 125

안정된 울타리가 필요한 아이
용기를 내다 128
한 발 더 나아가는 관심 130

에베레스트 칼라파타르 정복기
아이들은 여행을 통해 배우고 자란다 133

4장
감동
아이에게 배우는 엄마가 되는 법

부모는 자식의 거울
- 139   자식이 부모보다 나을 때도 있다
- 142   아이들은 부모를 보고 배운다
- 143   아이들은 스스로를 성장시킨다

유치원 선생님
- 145   사랑으로 아이들을 지도하는 선생님

중학교 선생님
- 148   아이들과 눈높이를 맞춘 참교육자

장학금을 거부한 일
- 152   돈 이상의 가치를 선물로 받다

긍정의 나비효과
- 156   2000년대 초반의 다문화가정
- 158   최고의 크리스마스 선물
- 159   기적은 있다

밥 굶는 아이의 뒷이야기
- 162   아빠가 변화되다
- 164   세상이 변화되다
- 166   12년 후의 영이

크리스마스의 감동
- 168   가장 비참했던 크리스마스
- 171   아이들이 희망이다
- 174   주변의 사랑

5장

엄마
내 엄마
엄마가 된 나
엄마가 될 내 아이들을 위하여

노년의 부모세대
대물림되는 부모의 기질 ······ 179
트라우마(trauma)를 가진 시어머니 ······ 183

나의 이야기
나의 제자들 ······ 188
나의 고민과 꿈 ······ 190

아이들 이야기
첫째의 이야기 ······ 192
둘째의 이야기 ······ 194
셋째의 이야기 ······ 195
넷째의 이야기 ······ 198

나는 엄마다
깨달음은 거저 주어지지 않는다 ······ 201
나는 엄마다 ······ 204

부록 말일기 ······ 209

추천사 ······ 215

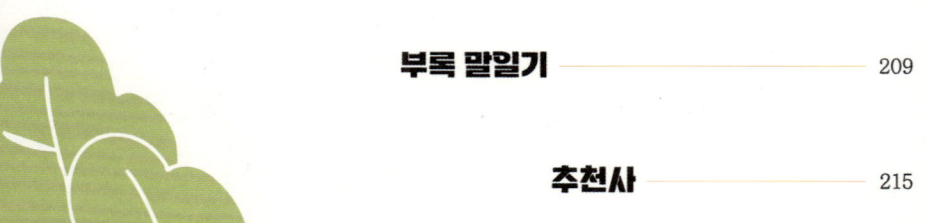

아이를 공부하는 엄마

1장
인내

참는 엄마가 이기는 엄마다

틱 장애(Tic disorder)

틱 장애를 발견하다

셋째가 마음이 아프다는 걸 처음 안 것은 취학 전, 틱 장애를 발견했을 때이다. 그때까지는 아이에게 문제가 있다는 것도 미처 짐작하지 못했을 만큼, 나는 내 나름대로 바쁘다는 핑계로 아이들에게 무심했었다.

셋째가 학교에 입학하기 전인 유치원 시절, 어느 날부턴가 아이가 눈을 깜빡거리기 시작했다. 처음엔 바람을 피하는 것처럼 질끈 감고는 하던 것이 날이 갈수록 정도가 점점 더 심해졌다. 조금 이상하다고는 여겼지만 그냥 나아지겠거니 하고 몇 달을 넘겼더니 나중에는 빠른 속도로 눈을 깜빡거리며 도통 집중을 하지 못하는 것이 아닌가.

눈이 불편한가 싶어서 안과에 데리고 갔다가 틱 장애라는 진단을 받고 소아정신과를 찾아갈 것을 권유받았다. 그래서 아이의 상태에 대해 알게 되었다.

사실 우리 아이와 같은 틱 장애는 유아기에 흔히 나타나는 증상이라고 한다. 그 정도가 심해서 일상생활에 지장이 가거나, 청소년기에 접어들어서까지 없어지지 않으면 전문적인 치료가 필요할 정도로 심각하겠지만 그것이 아니라면 조금 지나서 사라진다고 한다.

우리 아이의 경우에도 야단을 치거나 자신의 뜻대로 되지 않을 때 그 정도가 심해지는 것 말고는 양호한 편이었다. 그래서 나는 내가 치료해보기로 마음을 먹었다. 심각한 정도가 아닌데 괜히 정신과로 데리고 다니며 아이에게 더 큰 스트레스를 주고 싶지 않았던 것이다.

일단 근래 아이가 왜 그렇게 힘들어하는지 여러 가지 이유를 살펴보았더니 유치원에서의 생활이 큰 비중을 차지했다. 각기 개성이 다른 여러 아이들이 모이다보니 그 안에서 어울리고 부딪히며 받는 상처도 꽤 큰 모양이었다. 그리고 그중 한 아이가 유독 셋째를 괴롭히고 있었다.

그해 5월 놀이터에서 놀던 셋째가 중학생 여자아이의 발에 걸려 넘어지면서 쇄골 뼈가 부러지는 부상을 당한 적이 있었다. 모래가 깔린 학교놀이터였는데, 중학생 여자아이들 둘이 그네를 어찌나 힘차게 타고 노는지, 그 앞을 지나다니며 놀던 꼬맹이들이 위험한 상황이었다.

나는 아장아장 걷는 넷째를 따라다니다가 그 사고현장을 보았는데, 우리 셋째가 그네 앞쪽을 지나다가 힘차게 날아오는 여학생의 발에 걸려서 저만치 올라갔다가 툭 떨어진 것이었다. 그 일로 셋째는 쇄골 뼈가 부러져서 더운 여름이 지나도록 양쪽 어깨에 천사 날개 모양의 반 깁스를 하고 다녀야만 했다.

그런데 그걸 가지고 유치원에서 한 아이가 많이 놀렸나보다.

셋째는 깁스를 해서 불편한 어깨보다도 그 아이의 놀림이 더욱 견디기 힘들었을 것이다. 그나마 셋째의 마음을 편하게 해준 것이 있었다면, 이웃에 사는 어떤 엄마의 말 덕분이었다.

"어휴, 셋째는 천사 날개를 달았구나? 불편하겠지만 잘 견디네? 장하다."

이 말로 인해 셋째는 그 이후로 깁스를 한 어깨를 창피해하지 않았고, 성인이 된 지금도 그때 당시 그 말을 해준 아줌마를 기억할 정도로 고마웠다고 한다. 그 아주머니의 말로 인해서 난 말의 중요성을 새삼 느끼기도 했었다.

그렇게 집에서나 이웃에서 셋째가 덜 힘들도록 많이 배려를 해주고 있었음에도 불구하고 거의 종일 가서 사는 유치원에서는 그런 일들이 벌어지고 있었다. 특히 그 아이는 선생님이 없는 틈을 타서 우리 셋째를 괴롭히는 것에 재미를 느끼고 있었다.

7세반 아이들은 다음 해면 학교를 가기 때문에 자립심을 키워주기 위해 점심시간에는 선생님이 같이 있지 않고 저희들끼리 밥을 먹도록 지도한다고 했다. 물론 난 그런 사실조차 모르고 있었다. 하지만 셋째가 그 전부터 몇 번 지나가는 말로 한 아이가 자신을 괴롭히고 따돌린다고 했었기에 자세히 물어보니 그런 사정이었다.

선생님 딴에는 좋은 방법이라고 생각해서 아이들끼리만 식사를 하게 됐었는데, 선생님이 없는 그 시간은 우리 셋째가 제일 괴롭힘을 당하는 시간이었던 것이다. 그 아이는 밥을 먹다말고 숟가락으로 셋째의 머리를 '딱' 소리가 나게 때리기도 하고, 심하게는 깁스를 푼 지 얼마 되지도 않은 어깨를 때리기도 했다는 것이다. 고정시킬 필요가 없어서 깁스를 풀었던 것이지, 뼈가 완전히 붙어서 풀어버린 것은 아니었기에 건드리면 통증을 느끼는 시기였다.

셋째는 늘 조용한 아이였다. 아파도 혼자 아파하고 괴로워도 혼자 괴로워하다가 결국 그것이 병으로 나타나 심각해진 다음에야 주변에서 알아차릴 수 있을 정도로 표현이 없는 아이였다. 그러한 성향은 유치원이라고 해서 크게 다르지 않았는데, 그 아이가 괴롭혀도 무조건 꾹 참고만 있었다는 것이다. 선생님들도 그 아이에게 몇 번 주의를 줄 정도로 그 아이는 셋째를 괴롭히고는 했는데, 셋째는 늘 참고 또 참았다는 것이다. 그러다 결국 참지 못하고 화가 폭발할 때면 선생님들이 나서야 할 정도로 크게 화를 냈다고 한다.

여기서 문제는 셋째가 그렇게 한 번 폭발을 해서 화를 낼 때마다 담임선생님이 나서서 그 아이와 우리 셋째를 함께 야단쳤다는 것이다. 정작 그 아이가 열 번 괴롭히고 우리 셋째는 한 번 화를 낸 것이라는 사실은 전혀 모른 채, 셋째가 심하게 화를 낸 것만 가지고 야단을 치니 셋째는 거기에서 그만 주눅이 들어버렸다.

화를 낸 것은 잘못이지만 그로 인해 괴롭히기 좋아하는 친구는 오히려 덜 혼나니까 또 다시 자신의 내부로 꽁꽁 숨어버린 것이다. 다른 선생님들의 말로는 그동안 일일이 말을 하지 않았을 뿐이지 그 아이가 셋째를 괴롭힌 횟수는 무척 많다고 했다. 다른 친구들을 선동해서 셋째만 왕따를 시키는 일도 많았고, 특히 자유시간이면 우리 셋째 혼자서만 장난감을 가지고 노는 일이 다반사였다고 했다.

이 일을 해결하기 위해서는 우선 냉정해질 필요가 있었다. 이성적으로 사태를 해결하기 위해 선생님들과 많은 대화와 고민을 했다. 당장 유치원을 바꾸는 방법이 가장 쉬웠으나 그걸 선택하기는 싫었다. 앞으로 아이가 살아가게 될 세상은 이보다 더한 시련이 닥칠 텐데, 어찌 보면 처음 닥치는 시련에서부터 회피하는 모습을 가르치고 싶지 않았다. 또한 학기 도중에 환경을 바꾸는 것이 과연 아이에게 좋은 방법인지 자신할 수도 없었다. 특히 셋째처럼 소심하고 조용한 아이는 더욱 환경의 영향을 많이 받는 법이라 심사숙고해야만 했다.

결국 선생님들과의 타협을 통해 앞으로는 식사시간은 물론 그 어떤 시간도 아이들끼리 두지 않을 것, 또 아이들을 괴롭힌 그 아이를 잘 지도할 것 등을 약속받고 계속 보내기로 했다. 이런 상황을 견뎌낼 수 있는 방법을 가르치는 것 또한 셋째에게 큰 공부가 될 것이라 여겼다. 그 이후 집과 유치원의 꾸준한 관심과 노력 덕분이었는지 유치원을 졸업할 때까지 다시는 그 일로 시끄러웠던 적은 없었다. 괴롭혔던 아이, 괴롭힘을 당했던 아이 모두 적절한 지도와 보살핌을 받으며 한 뼘 성장할 수 있는 기회가 되었다. 물론 셋째의 틱 장애도 석 달 정도 지나서 사라졌다.

아이를 키우는 데는 부모의 역할만 중요한 것이 아니다. 형제는 물론 주변 각 분야에 걸친 이웃들이 함께해야 한다. 그런 면에서 우리 셋째가 틱 장애를 잘 극복하고 자기 인생에 있어서 첫 고비라 할 수 있는 그 상황을 이겨낼 수 있었던 것은 유치원 선생님들의 도움이 굉장히 컸다. 또한 일을 처리하는 데 있어서 가장 좋지 않은 방법이 '흥분'이라는 것도 깨달았다. 내 아이만 생각하고 내 입장만 생각한다면 흥분해서 자칫 일을 그르칠 수도 있다. 하지만 냉정하게 상황판단을 하고 서로의 입장을 생각하고 함께 고민한다면 해결방법은 분명히 찾을 수 있을 것이다.

수업 땡땡이치기

학교수업을 빼먹다

둘째가 고등학교에 입학하고 두 달쯤 지났을까? 점심시간에 갑자기 둘째가 헐레벌떡 집으로 들어선다. 땀범벅이 된 얼굴이 한눈에 보기에도 많이 아픈 것 같았다. 병원에 가야 한다며 손을 내미는 녀석에게, 바쁜 일이 있어서 함께 가지는 못하고 돈만 내주었다. 돈을 주고 나서 어디가 어떻게 아픈지 자세히 물어볼 새도 없이 둘째는 쌩하니 현관을 나가버렸다. 병원에 갔으니 곧 집에 돌아오겠지 생각하고 걱정되는 맘으로 기다렸다.

그런 내 생각을 비웃기라도 하는 듯 둘째 녀석은 시간이 한참 지나도 집에 돌아오지 않았다. 그제야 아차 싶은 것이, 집을 나간 시간이 병원 점심시간에 걸려서 진료를 받지 못했을 것이라는 데 생각이 미쳤다. 그래서 조금 더 기다렸다. 하지만 오후 3시가 되어도 아이는 돌아오지 않았다. 그제야 주변 병원과 약국을 수소문해서 전부 전화를 해보았지만 그런 환자는 오지 않았다는 말만 되풀

이해서 들었을 뿐이다.

　결국 더 기다리다 3시 30분이 되어 학교 담임선생님께 전화를 걸었다. 그랬더니 선생님도 마침 내게 전화를 할 참이었다고 하신다. 난 둘째가 당연히 선생님께 말을 하고 나온 줄 알았는데 녀석이 선생님에게 직접 말을 한 것이 아니고, 친구에게만 병원 간다고 말을 전해달라고 툭 던져놓고 학교를 빠져나갔다는 것이다. 그래서 선생님도 지금 화가 나서 기다리고 있다고…….

　이 녀석이 말로만 듣던 '땡땡이'를 친 것이다. 그것도 점심시간 이후에 벌써 두 시간이나 수업을 빼먹은지라 선생님이 화가 많이 나셨다. 이처럼 무단외출을 하는 경우나 그에 상응하는 교칙을 어겼을 경우 벌점이 누적되면 점수에 따라 교내봉사, 사회봉사, 무기정학, 자퇴나 강제전학까지도 갈 수 있는 제도이다. 우리 둘째는 입학한 지 두어 달 만인데도 그 점수가 제법 높았다.

　그로부터 30분쯤 후에 둘째가 학교로 돌아왔다고 담임선생님을 통해 전화를 받고는 저녁때가 되길 기다렸다. 아이는 그날 야간자율학습도 하지 않고 일찍 집에 돌아왔다. 아프다고 선생님이 일찍 보내주었다며, 얼굴색 하나 변하지 않고 씩 웃으며 들어서는 아들을 빤히 바라보았다. 현관문을 들어서던 아들은 엄마의 눈치를 슬쩍 살핀다. 눈이 딱 마주치자 아예 고개를 돌려버리기까지 했다. 나는 시선을 똑바로 마주하게 한 후에 둘째에게 물었다.

　"솔직히 말해. 낮에 어디 갔다 왔어?"

　"친구랑 노래방 갔다 왔어요."

　거짓말하지 않고 솔직히 털어놓는 아들을 보니 기가 막혔다. 그래도 더 이상 거짓을 말하지 않으니 기특하다고 해야 할까? 그쯤에서 잔소리를 멈췄어야 했는데 나도 모르게 버릇처럼 잔소리를 늘어놓았다.

"아프다는 놈이 병원가라는 돈 가지고 노래방에 가서 신나게 노래가 나오디?"

내 말에 아들은 입을 딱 다물어버렸다. 그제야 내 생각에도 이 방법은 아닌 것 같았다. 나는 방법을 달리하기로 하고는 둘째와 마주앉아 차분히 이야기를 나눴다.

해결방법의 차이

아이와의 대화를 통해 얻어낸 결론은 선생님은 아이가 정말로 병원을 다녀온 줄 아신다는 것이다. 함께 수업을 빠졌던 친구가 정말로 병원에 가서 처방전을 끊어왔기에 선생님은 그 처방전 하나로 둘을 모두 용서해줬다는 것이다. 난 한참동안 말을 잇지 못했다. 이것들이 아주 잔머리를 제대로 굴리고 있었다.

선생님한테 사실대로 말씀드릴까를 물었더니 하지 말란다. 그래도 대답은 꼬박꼬박 잘하기에 이쯤에서 용서를 해주기로 했다. 거짓말을 할 수도 있었는데 사실대로 말을 하고 대답도 잘 하는 것에 점수를 후하게 준 것이다. 난 표정을 풀고 아이의 머리를 한 대 툭 쳤다.

"그래, 알았다. 이번은 너와 나만 아는 일로 그냥 넘어가자. 어차피 이미 저질러버린 일인데 더 말해 뭣하겠어. 근데 너, 추억 하나는 참 잘 만들었다? 고등학교 때 정규수업 빼먹고 노래방 가서 놀다왔다는 추억 하나는 만들었으니 됐네. 학창시절 그런 추억 하나쯤은 있어도 괜찮아. 하지만 그런 추억은 이번 한 번뿐이다. 알았지?"

이 말로 모든 걸 털어버리는 엄마를 향해 둘째 녀석은 씩 웃어주었다. 제 딴에도 크게 혼이 나거나 잔소리를 들을 줄 알았는데 쉽게 끝나니 김이 빠진 모양이다.

그날 저녁, 집에 돌아온 남편도 화를 내는 대신 아들의 뒤통수를 한 대 툭 치고 말았다.

"그래. 네 성향에 너무 정확한 모범생 노릇하는 건 좀 짜증날 거다, 그치?"

그렇게 수업 땡땡이 사건(?)은 넘어가고 며칠이 지난 후, 학교 수학선생님한테서 전화가 왔다. 일요일인데도 학교를 간다고 하며 나가는 둘째를 집에서 내보내주지 않자 전화가 왔던 것이다. 고등학교에 가서 수학이 많이 부족한 걸 느낀 둘째 녀석이 제 스스로 수학선생님께 개인교습을 해달라고 했다는 걸 알았다. 그래서 수학선생님 또한 그런 애들 몇을 모아서 한 달에 두 번, 일요일에 재능기부로 학교에서 수학을 가르쳐주기로 했다는 설명이었다. 아이 스스로 공부하려고 하니 보내달라면서 선생님이 직접 전화를 하셨다.

중학교 때까지만 하더라도 제 부모와 눈도 잘 마주치지 않으려 했던 아들이 이렇게 변한 것을 보며 우리 부부는 기뻤다. 이제는 혼자 입 다물고 있지도 않았고, 솔직히 표현도 잘하고 잘못도 인정할 줄 알고, 잘 웃고, 무엇보다도 뭔가를 하려는 의지가 생긴 것이 둘째의 가장 큰 변화였다.

브레이크가 없는 사춘기 시절을 보내고 있는 둘째가 이렇게 또 한 번 성장한 일화다.

왕따와 폭력을 당한 아이

아파하기보다는 이겨내는 방법을 가르쳐라

셋째에게 닥친 시련은 유치원 때가 끝이 아니었다. 초등학교에 입학해서도 괴롭힘을 당했기 때문이다.(너무 조용하고 소심한 아이였기에, 오히려 일이 크게 벌어진 이후에 알게 되어서 더 힘들었던 듯하다.) 그 상대는 반에서 유독 기운이 세고 거칠었던 순이라는 아이였다.(순이라는 아이의 이야기는 뒤에 <소통>편에서 다시 나온다.)

셋째가 초등학교 1학년 말부터 방과후 지역아동센터에 다니게 되면서 또래 친구는 순이가 유일했었다. 그 아이는 강한 성향을 가진 반면, 우리 셋째는 부드럽고 소심한 성향이었기에 서로 맞지 않았다. 또한 순이는 사람에 대한 집착이 상당했기 때문에 누군가 자신이 좋아하는 사람에게 셋째가 말을 한다거나 하면 무조건 폭력적으로 나오기 일쑤였다. 그것이 반복되는 사이 셋째는 다시 유치원 때의 상처를 헤집어야 했다.

순이의 아빠는 일이 바쁘다거나 집이 비었다는 이유로 -물론 순이의 말이었지만- 순이를 우리 집에 보내는 일이 많았다. 우리 집에 와서는 아빠에게 전화를 걸어서 놀다간다고 허락을 받으면, 난 당연히 그 아이를 내 아이와 함께 돌봐주었다. 물론 나도 순이가 안쓰러워 잘 대해주기는 했지만, 우리 집에 와서 셋째의 물건이나 방을 제 맘대로 들쑤시고 다니는 순이가 그다지 예쁘지만은 않았던 것이 사실이다.

셋째가 순이에게 시달림을 당하던 것을 인지한 이후, 셋째를 앞혀놓고 언젠가는 심각하게 상의를 했었다. 순이로 인해 너무 힘이 들면 지역아동센터를 그만두게 할 참이었던 것이다. 유치원 때 당했던 것처럼 똑같은 상황을 이겨내야 할 아이가 걱정이 되었다. 그러나 내 말을 듣던 셋째는 천천히 고개를 흔들었다.

"아니야, 엄마. 유치원 때처럼 심하지는 않아. 그리고 나 지역아동센터 재미있어. 순이만 아니면 괜찮은데 순이가 조금 힘들게 해서 슬픈 거야."

나는 그 말에서 조금은 성장한 셋째의 마음을 발견했다. 그리하여 이번에도 역시 무조건 피하는 것이 아니라 맞서 부딪히도록 가르쳐야겠다고 생각했다.

"순이가 때리면 같이 때리지 말고 엄마가 가르쳐준 방법대로 잘못했다고 말로 알려줘. 순이가 막 소리를 지르면 조용히 듣고 있다가 또박또박 따지면 되는 거야. 순이는 마음이 아파서 스스로를 지키기 위해서 그렇게 거칠어질 수밖에 없는 거야. 그런 친구에게 똑같이 거칠게 나가면 너도 똑같은 사람이 되는 거야. 폭력은 참고, 고함에는 조용한 말로 타이를 줄 아는 사람이 정말 용감한 사람이야. 물론 네가 잘못을 했을 때는 사과할 줄도 알아야 하고. 알겠지?"

내 말을 알아들었는지 셋째가 고개를 끄덕였다. 사실 이해하기에는 다소 어려운 말이었을 것이다.

며칠 후, 내가 가르쳐준 방법대로 셋째는 손을 올려 폭력을 쓰려는 순이에게 또박또박 말로 따졌다고 한다. 그러자 순간 당황한 순이가 고함을 지르다가 제 스스로 화를 참지 못해 나가버렸다고 했다. 그 일을 시작으로 우리 셋째는 싸움에서 이기기 위한 방법을 하나씩 터득해나가기 시작했다. 그 이후 지역아동센터서는 전문 미술치료 선생님이 매주 한 번씩 와서 놀이와 치료를 병행했다. 그 모든 과정들이 아이의 성장에 크게 도움이 되리라고 믿었기에 나는 흔들림 없이 일상을 보낼 수 있었다.

어느 집 아이들에게나 유아기에 흔히 있을 수 있는 일화이다. 심하지는 않아도 왕따를 당하기도 하고 경미한 폭력에 시달릴 때도 있다. 그럴 때 내가 제안하는 방법은 함께 싸우라 부추기는 것이 아니라 상대방과 자기 자신을 이길 수 있는 방법을 가르치라는 것이다. 폭력을 똑같이 폭력으로 갚게 되면 그것은 나아가 양쪽 집안싸움으로까지 번질 수 있다. 그건 아이의 인성에도 결코 도움이 되지 않는다.

순이의 경우처럼 자잘한 폭력은 대화로 이겨낼 수 있는 것을 가르쳐야 한다. 때리려고 손을 들었는데 상대방이 이치에 맞는 말로 따지고 든다면 결코 그 손을 휘두를 수 없기 때문이다. 그것은 아무리 어린 아이라도 먹히는 방법이다.

가장 중요한 것은 아이 스스로 자신에 대한 믿음을 갖도록 하는 것이다. '난 사랑받는 존재야. 난 할 수 있어.'라는 강한 믿음이 모든 것을 가능하게 만든다. 부모로서 아이에게 줄 수 있는 것 중에서 가장 큰 것은 사랑과 믿음밖에 없지 않을까? 이 두 가지만 가지고도 아이는 세상을 살아가는 데 있어 두려울 것이 없을 것이다.

방학 보충수업과 야자 빼기

무조건 내 아이 편들어주기

여름방학 전 둘째의 담임선생님과 전화통화를 하면서 둘째의 보충수업과 2학기 야자를 모두 빼달라고 청했다. 공부에 큰 취미가 없는 둘째는 수업 후 3시간 가까이 앉아서 공부를 한다는 것 자체가 고욕이라고 했다. 공부도 되지 않거니와, 앉아있는 것 자체가 힘이 들어서 하루에도 몇 번씩 허리를 비튼다고 했다.

요즘에는 야간자율학습이 말 그대로 자율이지만 둘째가 고등학교를 다닐 때만 하더라도 야간자율학습은 의무에 가까웠다.

당시의 나는 아들의 뜻을 존중해서 담임선생님께 야간학습을 빼달라고 청했지만 당연히 담임선생님은 불가하다는 말만 거듭 강조했다.

"아드님처럼 공부를 못하는 아이들은 더욱 틀에 잡힌 규율이 필요합니다. 그렇게라도 시키지 않으면 더 성적이 떨어질 겁니다. 얘를 그냥 밑바닥 성적으로 고등학교만 겨우 졸업하기를 바라십니까?"

　선생님의 말은 한마디 한마디가 전부 둘째에 대한 험담이었다. 공부를 못하는 아이는 인격적으로 대우해줄 수 없다는 뉘앙스가 짙게 풍겼다. 나는 차분히 마음을 가라앉힌 후 담임선생님께 내 뜻을 말씀드렸다.

　"우리 아들이 공부에는 취미가 없어서 성적은 바닥이지만, 전 제 아들의 무한한 가능성을 믿습니다. 이 애가 분명히 다른 분야에서는 잘하는 것이 있을 것입니다. 아직 그것을 찾지 못했을 뿐이지, 공부가 아니더라도 분명 뛰어난 것이 있을 것이라고 저는 믿습니다. 공부가 싫은 아이를 억지로 몇 시간 더 잡아둔다고 해서 성적이 오르는 것은 아닙니다. 오히려 그 시간을 자신이 쓸 수 있도록 자유를 준다면 정규 수업시간에는 더 노력하지 않을까요?"

　덧붙여 같은 학교를 다니고 있는 첫째의 예를 들어 말을 했다. 첫째는 전교 상위의 성적을 유지하고 있었다. 그러면서도 야간자율학습도 빼고 여름 보충수업까지 전부 뺀 상태였고, 지난 기말고사에서 좋은 성적을 받은 것을 그 선생님도 알고 있었기 때문이었다. 당시 둘째의 담임선생님이 서울대학교 출신의 물리선생님이었는데, 우리 첫째가 물리과목에서 전교 최고점수를 받았기 때문에 예뻐했던 것이다. 첫째에 대한 말로 설득을 하자 담임선생님도 더는 말을 잇지 못하였다.

　공부를 잘하는 첫째와 공부를 못하는 둘째. 이 두 아이들의 담임선생님들과 통화를 해보면 아이들에 성적에 따라서 학부모를 대하는 반응이 확실히 다르다는 걸 느낄 수 있다. 소위 '공부를 잘하는' 우등생의 학부모에게는 선생님들도 깍듯이 대하는데 반해, '공부도 못하고 간혹 말썽도 부리는' 하위그룹 학생들의 학부모에게는 아이와 똑같은 수준으로 대하는 것이다. 아이와 부모를 동급으로 취급해버리는 선생들의 태도는 상위학교로 갈수록 정도가 심해진다. 물론 모든 선생님들이 그런 것은 아니지만.

어쩌면 둘째는 제 누나가 너무 잘하기만 해서 어려서부터 주눅이 들어서 성장했는지도 모른다. 똑똑한 누나. 상도 많이 받는 누나. 공부도 잘하는 누나. 모범생 누나……. 부모인 우리조차도 알게 모르게 첫째와 둘째를 차별했을 것이고, 그런 부모의 태도는 고스란히 둘째에게 영향을 미쳤을 것으로 예상이 된다.

그렇지만 둘째는 누나에게 열등감을 가지고 있으면서도 누나를 잘 따랐다. 어떨 때는 '누나보이'라고 해야 할 정도로 누나만 따라다녔다. 그래서 고등학교까지도 제 누나가 다니는 학교로 1차 지원을 한 것인지도 모르겠다.

아무튼 이번 같은 경우에는 첫째가 같은 학교에 다니는 것이 오히려 도움이 되었다. 첫째를 방패로 삼아 결국 둘째의 야간자율학습을 빼는 데 성공했으니.

이후에 알고 보니 내가 선생님과 통화에서 한 말은 둘째에게도 큰 영향을 미쳤다고 한다. 내가 선생님을 향해 "전 제 아들의 가능성을 믿습니다"라고 한 말이 큰 반향을 불러온 것이었다. 둘째에게 직접 "널 믿는다"라고 하는 것과는 차원이 다른 이 말에 둘째 또한 감동을 받은 듯하다.

그날 이후로 선생님이 자신을 대하는 태도가 달라졌다면서, 둘째는 선생님에게서 전해들은 엄마의 말 한마디에 가장 큰 선물 보따리를 받은 듯 행복해했다. 가끔은 이런 적극적인 표현이 아이들에게 얼마나 큰 선물인지 깨달을 수 있었다.

야자시간에 화투를 친 사건

학생부에서 전화가 걸려오다

학교에 다니는 내내 한 번도 말썽을 부리지 않았던 첫째의 일로 전화를 받은 적이 있다.
핸드폰 액정에 뜨는 번호가 두 아이들이 다니는 학교이기에 난 당연히 둘째의 일로 전화가 온 줄 알았다. 하지만 전화를 건 상대는 첫째의 담임선생님이었다.
두 아이가 다녔던 고등학교는 입학 첫날부터 야간자율학습을 시키기로 유명한 고등학교였다. 일명 SKY를 비롯한 서울의 유력 대학교에 몇 명의 학생을 보냈냐 하는 것을 가지고 학교 간 서열을 매길 때 늘 상위권을 차지하던 학교였기 때문이다. 그런 곳에서 모범생이라고 일컬어지던 첫째가 야자시간에 화투를 쳐서 학생부로 불려갔던 사건이 있었다. 처음 전화로 그 말을 들었을 때는 황당하기까지 했다. 일단 집에서는 아이가 돌아오기까지 기다리는 것밖에 방법이 없었다.

담인선생님에게서 전화를 받았을 당시 마침 집에 있었던 남편은 모른 척 차를 몰고 첫째의 학교 앞으로 가서 아이를 데리고 왔다. 그러자 차에 올라탄 첫째가 먼저 그런 일이 있었다고 이실직고를 했다고 한다. 남편은 집에 가면 엄마한테 혼나겠다며 잔뜩 겁을 주어 첫째를 데리고 왔다. 나는 집에 들어온 첫째를 우선 앉혀놓고 어떻게 된 것인지 차분히 이야기를 들었다.

화투를 친 것은 모두 열 명 가까이 되었는데, 그중 세 명이 딱 걸려서 학생부에 끌려갔다고 한다. 화투를 가지고 온 것은 다른 친구였고 돈을 걸지도 않았고 이긴 사람이 진 사람 손목을 때리는 내기였다고 했다. 그 때문에 학생부에서도 큰 징계 없이 넘어간 듯하다.

그래도 저희들 셋 말고는 절대로 함께 화투 친 애들을 불지 않았다고 하며 자랑스럽게 어깨를 으쓱하는 첫째를 보니 어이가 없었다. 그것도 의리라고 생각을 하는 첫째는 나이만 먹었지 여전히 어린애였다.

나는 일단 그것이 왜 잘못된 것인지 차근차근 일러주었다.(가끔 아이들과 함께 화투를 치는 집도 있겠기에, 이건 순전히 내 생각임을 알려둔다.)

우선 화투는 인터넷 상으로도 만 19세가 넘어야 할 수 있는 게임이다. 너희들이 비록 손목 때리기를 내기로 걸었다고 해도 그건 어디까지나 도박의 일종이기에 사회의 금기를 어긴 것이라고 했더니 첫째가 수긍하며 고개를 끄덕였다.

다음으로는 전에 둘째에게 했던 말을 그대로 써먹었다.

"전에 네 동생에게도 말했다시피 이런 추억은 한 번으로 족하다. 처음은 실수지만 실수가 반복되면 그것은 잘못이야. 추억거리 만드는데 성공했으니까 다시는 이런 실수 반복하지 않기!"

내 말이 끝나자 첫째는 갑자기 엉엉 소리를 내어 울기 시작했다. 나는 내가 뭘 잘못했나 싶어 당황했다. 나보다도 훨씬 큰 녀석이 내 앞에서 소리 내어 우니까 감당이 되지 않았다.

"난 엄마가 막 혼내고 잔소리할 줄 알았는데 너무 쉽게 넘어가니까 정말 죄송하잖아요. 엉엉엉……."

확실히 여자아이들은 감성이 여렸다. 난 우는 첫째의 어깨를 조용히 두드려주며 남편과 시선을 맞춰 웃을 수밖에 없었다.

부모의 해결방법에 따라 다른 행동을 보이는 아이들

다음 날 첫째는 아무 일도 없었다는 듯 학교에 갔고 그 몇 시간 후 담임선생님에게서 전화가 왔다. 전날 함께 걸렸던 세 명의 아이들 중 우리 첫째만 멀쩡하다는 것이었다.

이유를 들어보니 다른 아이들 둘은 전날 집에 들어가자마자 부모들에게 많이 혼이 났다고 한다. 한 아이는 욕까지 들어가며 대판 싸움을 했다고 했다. 그러자 아이들은 자신들이 잘못했다고 생각하기보다는 오히려 부모에게 쌓인 분노를 학교에 와서까지 풀었다고 했다. 친구들과의 사이에서 보인 행동에 전날밤의 집안 모습이 고스란히 나타났다는 것이었다.

아이들의 반응이 그렇게 나타나는 데는 부모의 해결방법이 달랐던 것에 그 원인이 있다. 이미 학생부에 불려갔을 때 그 아이들은 온갖 모욕과 잔소리를 들었을 것이다. 학교 선생님들의 반응까지 미리 예상했던 난 집에서까지 똑같은 잔소리를 하는 것은 아무런 도움도 되지 않을 것이라고 생각했다. 그래서 즐거운 추억으로 남기라고 했고, 우리의 그런 반응에 첫째는 가뿐한 마음으로 학교에 갈 수 있었던 것이다.

문제아든 아니든 아이들이 삐뚤어지는 데는 부모의 태도가 가장 큰 문제가 된다는 생각이다. 이미 학교에서도 혼이 난 아이들을 집에서조차 감싸주지 못한다면 그 아이는 상처받은 마음을 달랠 곳이 없게 된다. 그러면 결국 어디로 튈지 모르는 사춘기의 아이들은 다른 엉뚱한 방법으로 스트레스를 풀려고 할 수도 있다.

현재를 살아가는 우리들에게 가장 절실한 것은 바로 '부모교육'이 아닌가 싶다. 경쟁사회에 놓여 학창시절을 보낸 부모 세대들은 늘 틀에 박힌 교육이념 아래 틀에 박힌 학습을 익혀왔다. 그렇기에 내 아이들에게도 틀에 박힌 교육을 시킬 수밖에 없는 것이다. 하지만 지금은 시대가 달라지고 있음을 우리 스스로 인식하지 않으면 안 될 것 같다.

정보가 넘쳐나는 시대, 보고 배우는 것이 많은 아이들은 어른들보다도 더 지식이 풍부하다. 그런 아이들에게 무조건 강압적이고 보수적인 방식만 제시한다면 아이들은 당연히 튕겨나갈 수밖에 없다. 많은 부모들이 내 아이를 소유물이 아닌 인격으로 대하는 법을 배우고, 성적으로 줄 세우기가 아닌 감성적인 면을 보려 애쓴다면 분명 아이들의 미래는 달라질 것이다. 하지만 그러기 위해선 부모들의 교육이 가장 절실하다.

부모가 되기 위한 길은 멀고도 험한 길이다. 자식을 낳았다고 다 좋은 부모가 되는 것은 아니며, 아이들 또한 옹알이를 하고 아장아장 걸음을 걸을 때처럼 마냥 예쁘기만 한 상태로 머물러있는 것이 아니기 때문이다. 자식들이 커가면서 부모도 성장해야 하고, 아이들이 뭘 생각하고 동경하는지도 함께 알아야 한다. 그것이 좋은 부모가 되기 위한 하나의 방법일 것이다.

핸드폰 분실사건

고가의 핸드폰 구입

요즘은 유치원 때부터 핸드폰을 가지고 있을 정도로 핸드폰이 필수가 되어버린 시절이다. 핸드폰이 처음 나올 때만 하더라도 단순히 전화기의 기능만 가지고 있었지만 지금은 핸드폰 하나로 모든 일을 다 처리할 수 있을 정도로 발전했다.

아이들이 많다 보니 전화기도 늘 저렴한 것을 선호하는데 그 해 초, 첫째가 최신 핸드폰에 눈독을 들이는 것을 알았다. 당시 첫째는 사용한 지 오래되어 글자판도 지워지고 잘 터지지도 않는 고장 난 핸드폰을 몇 달째 쓰고 있었다. 그러나 집안형편을 잘 아는 첫째도 새 핸드폰을 사달라는 말을 꺼내지 않고 그렇게 불편한 핸드폰으로 매일을 버텼다.

하지만 다 큰 딸과 제대로 통화가 되지 않자 밤이 늦어지면 오히려 더 걱정이 되는 것은 부모의 입장이었다. 우리는 첫째가 학교에 가있는 사이에 첫째가 가지고 싶어 했던 핸드폰을 사서 가지고 왔다. 없는 집의 첫째로 태어나 늘 보이지 않게 양보와 희생만을 강요받았던 큰딸: 그럼에도 늘 똑 부러지게 자신의 일을 잘 하던 큰딸에게 사실 많이 고마웠다. 이번만이라도 양보만 하는 큰딸의 굴레에서 벗어나게 해주고 싶다는 생각에 큰 맘을 먹고 최신 핸드폰을 사준 것이다.

그날 저녁, 새 핸드폰을 보고 마냥 좋아할 줄만 알았던 첫째는 우리 예상과는 다르게 갑자기 엉엉 울어버렸다. 한참이 지나도 울음을 그치지 않던 첫째가 겨우 진정을 하고 꺼낸 첫마디는 죄송하다는 것이었다. 그 핸드폰이 비싸다는 것은 알고 있었지만 이렇게 비쌀 줄은 몰랐다고 했다. 집안 형편을 너무 잘 아는 첫째라 좋은 것보다 미안한 마음부터 들었던 모양이다.

어찌 보면 부모에게 당연하게 요구할 수도 있었을 텐데 더 크게 감동하는 첫째의 눈물로 인해 그날 저녁 우리 가족은 모두 행복한 눈물을 흘렸다.

핸드폰을 분실하다

그러나 그렇게 구입한 첫째의 핸드폰을 구입한 지 6개월도 못되어 잃어버리는 일이 생겨버렸다. 제주도로 수학여행을 간 첫째에게서 여행을 떠난 그날 오후에 전화가 온 것이다.

낯선 번호로 전화를 받은 나는 수화기를 통해 들려오는 첫째의 통곡에 가까운 울음소리에 깜짝 놀랐다. 목소리는 분명 첫째인데, 지금은 한창 수학여행을 즐기고 있을 시간인데, 왜 갑자기 이렇게 우는 것인지 몰라서 무슨 사고가 터진 줄 알았다. 하지만 다행히(?) 그 뒤에 이어지는 말은 전혀 뜻밖이었다.

"어떡해, 엄마. 핸드폰을…… 잃어버렸어. 엉엉엉……. 어떡해……."

순간 내 머리를 스친 건, 아직 할부가 2년도 훨씬 넘게 남아있다는 것이었다. 워낙에 비싼 핸드폰이었기에 사줄 때도 큰 결심을 했던 터라, 덤벙거리다가 멀리 제주도까지 가서 비싼 핸드폰을 잃어버린 첫째에게 화가 났다. 하지만 이미 잃어버렸다면 다시 찾을 수도 없는 일, 제 딴에도 속상해서 제주도에서까지 전화를 한 첫째에게 화부터 낼 수는 없었다.

친구들과 어울려 관광버스를 타고 이동하던 첫째는 버스의 제일 뒤쪽 줄에 가서 앉았다고 한다. 창가에 앉아 핸드폰과 MP3를 치마 위에 올려놓은 채 한참 수다를 떨고 놀았나보다. 그러다가 어느 순간 허전해서 밑을 내다보니 MP3는 그대로 있는데 핸드폰이 보이지 않더라는 것이다.

당황해서 이리저리 찾아보니 차창너머로 저 멀리 뒤쪽 바닥에 떨어진 핸드폰이 보였단다. 창문을 열어놓고 오다가 떨어진 모양이었다. MP3는 이어폰을 연결해서 귀에 꽂고 있었기에 그나마 떨어지지 않았던 것이다. 그 사실을 안 즉시 차를 세워서 핸드폰을 주우려 했으나 단체로 이동하는 관광버스는 첫째의 요구를 따를 수 없었고, 핸드폰을 되찾을 수 없다는 것을 안 첫째는 그만 속상한 마음에 통곡을 해버린 것이었다. 제 딴에도 가정 먼저 든 생각이 아직 할부도 많이 남았다는 것이었다고 한다.

"엄마랑 아빠가 그거 어떤 마음으로 사줬는지 아는데……. 그래서 너무 속상해……."

한참을 전화기를 붙잡고 속상한 마음을 토로하고 있는 아이에게는 들리지 않도록 심호흡을 했다. 멀리 제주도까지 가있는 아이를 안심시키는 것이 우선이었다. 돈이 얽힌 문제는 다음에 해결할 문제였다. 여기에서 내 이성이 감정을 눌러버리는 데 성공한 것이다.

"자, 이제 그만 울고. 어차피 잃어버린 건데 되찾을 수 없잖아? 그러니까 그 일은 그냥 잊어버리고 잘 놀다가 와. 평생에 한번뿐인 고등학교 수학여행인데 그런 기분으로 지내다 올 거야? 다시 돌이킬 수 없는 시간이니까 즐겁게 지내고 핸드폰 건은 집에 와서 얘기하자. 알았지? 지금 엄마 전화 끊는 대로 그 일은 잊어버리는 거다? 이제 그만 울고 남은 여행 잘 해. 그게 엄마가 바라는 거야."

아이는 계속해서 전화에 대고 죄송하다느니 속상하다느니 하면서 한참을 더 떠들다가 전화를 끊었다. 난 첫째가 이미 핸드폰을 잃어버린 죗값을 충분히 치렀다고 생각했다. 저렇게 속상해하고 통곡을 할 정도로 마음이 쓰인다면, 그것은 내가 따로 야단을 치지 않아도 이미 제 스스로 충분히 죄책감을 느낀 것이다. 그래서 그 후로도 야단은 치지 않기로 했다.

선생님께 도움을 청하다

아이와 전화를 끊은 후, 30분쯤 후에 그 전화번호로 어떠냐는 문자를 보냈다. 첫째의 친구의 것이 분명한 전화번호로 답장이 왔다. 첫째가 아직도 울고 있다는 것이다. 난 그 길로 첫째의 담임선생님께 전화를 넣었다.

전에 몇 번 전화통화를 해서 친근한 선생님은 내 말에 귀를 기울여주셨다. 난 첫째에게 한 말을 똑같이 선생님께도 되풀이하면서 부탁을 드렸다. 내 말을 듣고 담임선생님이 낮은 소리로 웃으셨.

"지금도 울고 있어요. 하지만 어머님 말씀대로 저녁에 따로 불러서 타이를게요. 그래도 전 기특하고 예쁘기만 한데요? 요즘 애들 돈의 가치를 너무 모르는데다 아무리 비싼 핸드폰이라도 거저 생기는 줄 아는데, 아직 할부도 남아있다면서 미안해하는 마음이 예쁘잖아요. 게다가 그걸 사준 부모님의 마음까지 헤아리는 걸 보면 참 대견해요."

선생님이 첫째를 따로 불러서 타이르시겠다고 하신 말씀을 믿고 전화를 끊었다. 그 후로 3일, 첫째는 약간 우울했지만 그래도 재밌는 수학여행을 보냈다고 한다. 그리고 집에 돌아와서 하는 말이, 친구들이 하나같이 쿨한 엄마를 둬서 부럽다고 했단다.

물론 핸드폰을 잃어버렸다는 말을 들었을 당시에는 나도 화가 많이 났다. 가장 처음에 든 생각이 많은 돈을 잃어버렸다는 것이었다. 그렇지만 이미 잃어버린 것에 대해 화를 낸다고 해서 달라지는 것은 없다. 당장의 감정 때문에 화를 내게 된다면 말을 하는 쪽이나 듣는 쪽이나 서로 상처만 받을 뿐이다. 그런 이성적인 깨우침이 먼저 들었기에 화를 내지 않은 것뿐이었다.

오늘도 우리 아이들은 바닥을 어지럽히고, 물건을 잃어버리고, 때로는 친구들과 다툰다. 우리 아이들처럼 형제가 많은 아이들은 형제나 자매, 또는 남매간에 많이 싸우기도 한다. 물건이 부숴지기도 하고 사고를 내기도 한다. 하지만 그 모든 경우에 먼저 화를 낼지, 아니면 시선을 똑바로 마주친 후 이성적으로 타이를지를 선택하는 것은 엄마들의 몫이다.

꼬맹이 다루기와 야뇨증

엄마는 마귀할멈

막내가 어린이집에 다닐 당시, 다른 아이들도 그렇지만 특히 가장 어린 막내를 깨우는 것은 아주 힘들어서 가끔 너무 피곤해보이면 늦잠을 재우기도 했다.(그 시기에는 밤에 오줌을 싸는 경우가 많아서 푹 자지 못한 경우가 많았다).

그럴 때면 통원 차를 놓쳐 직접 원에까지 데려다줘야 하는데, 호기심 많은 유아들을 데리고 길을 걸어가려면 끝없는 인내심이 요구된다. 어쩌면 아이들을 키우는 그 과정들이 인내의 연속이 아닌가 싶다.

추운 겨울아침, 늦잠을 자고 일어난 넷째를 데리고 어린이집까지 걸어가는 길이었다. 늦게 일어난 데다 차까지 놓쳐서 걸어가야 한다며 잔뜩 뿔이 난 넷째는 걸음조차 제대로 걷지 않았다. 어쩔 수 없는 막내라고, 나한테 업어달라고까지 할 정도였다. 결국 짜증이 난 나도 아이에게 소리를 버럭 지르고 말았다.

그러자 입을 삐쭉 내민 넷째가 나를 향해 눈을 흘긴다. 그리고는 엄마더러 마귀할멈이라고 하는 것이다. 아침시간이 주부에게 얼마나 바쁜 시간인지 모르는 넷째는 서두르기만 하는 엄마가 마냥 밉기만 한가보다.

"그래. 엄마는 마귀할멈이다. 그럼 마귀할멈한테 한번 잡혀볼래?"

아이의 말에 짜증을 내려다가 마음을 바꿔 장단을 맞춰주었다. 아이들이 짜증을 내거나 화를 내거나 울 때, 이렇게 같이 맞대응을 하기보다는 장난처럼 응수해주면 아이들은 금방 잊어버리고 엄마와 함께 장난을 친다. 또 그런 방법들이 아이들을 다스리는 데 있어 훨씬 효과적이라는 것을 알기에 화가 나도 꾹 눌러 참는 버릇이 생겼다.

"자, 마귀할멈이 예쁜 공주님을 쫓아갑니다. 얼른 도망가세요."

그러면서 두 손을 앞으로 뻗어 뒤를 따라가는 시늉을 하면 넷째는 깔깔 웃으며 저만치 앞서서 달려간다. 그런 방법으로 나는 아이를 좀 더 빠르게 어린이집에 보내고는 했다. 하지만 문제는 그런 방법조차도 먹히지 않을 정도로 아이들의 기분이 나쁠 때가 있다는 것이다.

나 또한 그렇게 장단을 맞춰주고 싶지 않을 정도로 기분이 우울할 때는 장난보다는 짜증이 앞서게 되는 일이 종종 있으니, 그럴 때마다 후회를 하면서도 잘 고쳐지지 않는다.

야뇨증 치료

넷째는 야뇨증 때문에 참 많은 고생을 했다. 위의 세 명의 아이들은 그러지 않았는데 넷째는 다섯 살이 넘고 여섯 살이 되어도 밤사이 오줌을 자주 쌌다.

처음에는 조금 더 크면 괜찮겠지 하다가 자꾸 반복되니까 슬슬 걱정이 되기 시작했다. 혹시 정신적인 스트레스가 있는 건 아닌지, 체력이 많이 약한 것은 아닌지, 약을 먹어야 하는지 여러 가지로 고민도 해보고 약국이며 병원도 가보았을 정도이다. 하지만 의사선생님들은 하나같이 아이의 상태는 정상이니 그냥 편안하게 기다리라고 했다.

오줌을 싸는 아이들의 경우, 자꾸 오줌 싸지 말라고 놀리거나 짜증을 내면 아이 스스로 강박관념 때문에 더욱 오줌을 자주 싸게 된다고 한다. 그래서 밤에 오줌을 싸더라도 아침에 일어나 별다른 말을 하지 않고 제 스스로 옷을 갈아입게 했다.

물론 자신이 오줌을 싼 이불은 꼭 보도록 해서 엄마가 빨래하느라 얼마나 힘이 든지 확인시켜 주기도 했다. 그 과정을 놀이처럼 자연스럽게 즐겁게 해야 하는 것 또한 인내가 필요했다.

가끔 몇 번은 이불빨래를 함께 해서 널기도 했다. 그런 고생들이 자신으로 인해 비롯되었다는 것을 알게 해줌으로써 큰 효과를 보게 된 것도 같다. 자기 전에는 반드시 화장실에 들르게 했고, 밤에 오줌을 싸는 것은 충분히 일어날 수 있는 일이라고 안심시켜 주었다.

그러는 사이 오줌을 싸는 횟수가 매일에서 이틀에 한 번으로 줄고, 일주일에 한 번으로 줄어드는 것을 보면서는 아이의 상태가 확실히 좋아지고 있다는 것을 알게 되었다.

늦게까지 오줌을 싸는 아이들의 경우에 가장 좋은 치료약은 엄마의 끝없는 인내심이다. 오줌을 싸는 것이 부끄러운 것이라거나, 죄악처럼 여기게 해서는 절대 안 된다. 내 아이만이 아닌 다른 아이들도 가끔 그런 일이 있다는 것을 알려주고 절대 부끄럽지 않은 일이라는 걸 일깨워줘야 한다. 또한 이불에 오줌을 싸는 것이 죄악도 아니라는 것을 반드시 알려줘야 한다. 그것을 아이 스스로 깨닫게 될 때 야뇨증은 차츰 좋아질 것이다.

늦게까지 오줌을 싼다고 해서 무조건 약을 먹이는 것은 좋지 않은 방법이다. 아이의 야뇨증도 스트레스가 원인인 경우가 많은데, 그럴 때는 원인파악을 하는 것이 가장 중요하다.

처음에는 누워서 이불에다 그냥 싸다가, 조금 더 지나면 앉아서 싸다가, 또 조금 지나면 화장실을 가려고 일어났는데 미처 가지 못하고 서서 싸다가, 나중에는 화장실 앞에서 싸다, 결국에는 화장실에 가서 싸게 된다. 그것이 단계별로 잘 이루어진다면 크게 걱정할 것은 아니라는 것이다.

여섯 살짜리와의 기 싸움

기가 센 아이

넷째는 다른 아이들에 비해 성격이 강해서 나와 자주 대립각을 세웠다. 위의 언니나 오빠들 틈에서 자란 막내는 욕심도 많았고 고집도 남달리 셌다. 자기가 우리 집에서 제일 어리고 작다는 것이 용납이 되지 않는 아이였다. 그래서인지 몇 번씩 나에게, "엄마, 내가 열 살 되면 작은언니더러 누구야, 하고 이름 부를 수 있어?"하고 물어볼 정도로 욕심이 많았다. 자신이 "야!"라고 부를 수 있는 사람이 집안에 아무도 없다는 것이 또 하나의 스트레스가 되어 막내를 괴롭히는 것 같았다.

그러던 어느 날, 밤이 늦어서 양치질을 하고 재우려는데 넷째가 도통 내 말을 듣지 않았다. 블록을 방 한가득 늘어놓고 놀면서 치울 생각조차 않는 것이다. 분명히 시계가 10시를 가리키고 내가 그만 씻고 자자는 소리를 몇 번 했는데도 들은 척도 하지 않은 채 자신의 일에만 몰두했다.

결국 화가 치민 나는 블록 한가운데에 앉아있는 넷째를 번쩍 안아서 화장실로 데리고 갔다. 하지만 내 행동에 화가 난 넷째는 화장실에서 양치질을 시키려는 내 앞에서 입을 꾹 다물고 있었고, 난 억지로 아이의 입을 벌리게 해서 칫솔을 밀어 넣었다. 우격다짐으로 양치질을 시키고 나서 뒷정리를 위해 화장실에 남아있는데 넷째가 먼저 밖으로 나가버리는 것이었다. 그리고는 자신이 화가 났다는 것을 증명하기 위해 화장실 문을 아주 세게 쾅 소리가 나도록 닫아버리는 것이 아닌가! 위의 세 아이들에게서는 한 번도 본 적이 없었던 과격한 반항이었다. 아이의 첫 반항기가 시작되는 시점이었다.

칫솔을 헹구어 놓은 후 내가 바로 넷째의 뒤를 따라서 나가자 이번에는 나를 따돌리기 위해 오빠 방으로 들어가서 역시 쾅 소리가 나게 문을 닫고는 그대로 잠가버렸다. 나 역시도 화가 나서 문을 쾅쾅 두드리며 얼른 열라고 소리를 질렀다. 마침 그 방에 같이 있던 셋째가 문을 열어주자, 넷째는 작은 두 주먹을 불끈 쥐고는 나를 향해 소리를 질러대기 시작했다.

"엄마 나빠! 엄마 똥개! 엄마 진짜 나빠!"

손마디가 하얗도록 두 주먹을 쥔 채 눈에 잔뜩 힘을 준 넷째의 모습은 꼬마 전사 같았다.

엄마가 확실히 주도권을 잡아야 한다

언뜻 상상해보면 귀엽기만 한 그 모습을 감상할 여유가 없던 나는 힘으로 아이의 몸을 들어 올려 밖으로 데리고 나왔다. 그리고 아이의 두 주먹을 꽉 쥐어 움직이지 못하게 한 다음 나와 눈을 마주치도록 유도했다.

　엄마의 힘에 의해 끌려나왔으면서도 여전히 성질을 죽이지 못해 씩씩거리며 발버둥을 치고 악을 쓰는 아이는 도통 나와 시선을 맞추려 하지 않았다. 나는 할 수 없이 넷째의 작은 몸을 움직이지 못하게 두 팔로 꽉 끌어안았다. 한참 그렇게 하고 나서야 아이의 몸에서 힘이 빠졌다. 그리고 그 이후에는 엄마의 잘못한 부분, 아이의 잘못한 부분을 알려주면서 엄마와 화해하는 작업이 반드시 필요하다.

　아마 내가 아이를 키워본 경험이 부족했거나, 조금 더 독하지 못했다면 넷째는 분명 이 기회에 나를 이겨버리고 말았을 것이다. 하지만 난 이미 세 명의 아이를 키운 경험이 있었다. 게다가 넷째처럼 성격이 강한 아이는 어떻게 다루어야 하는지 익히 알고 있는 엄마였다.

　첫 번째 반항기 때 아이를 제대로 잡지 못하면 그 다음부터는 아이를 다스리기가 정말 힘이 든다. 그래서 이 나이 때의 반항에는 엄마의 힘이 훨씬 우월하다는 것을 확실하게 가르칠 필요가 있었다.

　아무튼 우리 넷째는 위의 언니나 오빠들이 한 번도 엄마에게 대드는 것을 보지 못하고 자랐음에도 이렇게 행동을 했다. 이것은 타고난 성격이 유독 센 탓도 있을 것이고, 어쩌면 막내라고 너무 어리광을 받아주며 키운 탓도 있을 것이다. 하지만 그 일을 시작으로 난 막내의 기를 꺾어나가기 시작했다.

　가끔 12살 차이가 나는 큰언니에게도 함부로 할 때는 가차 없이 혼이 났고, 눈치가 빨라서 막내의 특권은 누리려고 하면서 권력을 휘두르려고 할 때면 내 제지를 받아야 했다. 지금까지는 막내라고 사랑만 받던 아이에서 이제는 한 인격으로 성장해나가는 넷째의 시련이 첫 반항기와 함께 시작이 된 것이다.

　성인이 된 지금, 그때의 이야기를 하면 자신은 전혀 기억이 나지 않는다고 한다. 또 그때와는 달리 유순하게 자란 막내는 고집도 별로 부리지 않는다. 물론 지금도 넷 중에 말이 제일 많아서 엄마의 귀를 잠시도 쉬게 두지 않는 것으로 막내의 타고난 기질을 확인할 수 있기는 하다.

　어쨌든 넷째의 제1반항기가 시작되던 그 즈음부터 난 아이의 '말일기'를 쓰기 시작했다. 아이가 태어나면 성장과정을 담은 육아일기를 쓰는 것처럼, 5~6살쯤 되면 말의 표현력이 늘어나기 때문에 말일기를 써놓는 것이 좋다. 꾸준히 말일기를 써놓으면 부모와의 대화법도 알 수 있고, 글들 사이에 정리된 아이의 성장기가 한눈에 보이기 때문이다. 아이가 좀 더 자라서 홀로서려고 할 때 가장 필요한 것이 부모와의 공감대라고 한다. 그때 가서는 이 말일기가 큰 도움이 될 것이다. 그때 썼던 말일기의 몇 꼭지를 이 책의 뒷부분에 싣도록 한다.

내 아이는 내가 가장 잘 안다고?

2장 소통

천만의 말씀!

학교 선생님에게 피멍이 들도록 맞고 온 사건

냉정한 심장이 필요하다

고등학교 1학년인 둘째가 어느 날 밤 10시 30분이 되어서야 집에 돌아왔다. 학원을 다니지 않는 우리 집 아이들은 야간자율학습이 끝나도 9시 30분이면 집에 돌아오기 때문에 그렇게 늦는 경우가 거의 없었다. 혹시 무슨 일이라도 생겼나 싶어 걱정하며 기다리다가 아이가 멀쩡한 모습으로 들어오니 안심은 되었지만 그래도 궁금했다.

아들이 제 방에 들어가 옷을 갈아입는 것을 기다리지 못하고 난 문을 열고 들어가서 왜 늦었는지 물어보고야 말았다. 그리고 그 순간, 아이의 허벅지 뒤쪽에 시커멓게 피멍이 잡혀있는 것을 보게 되었다. 놀라서 아이의 허벅지를 살펴보니 맞은 부위가 심하게 부어올라 있었고 이미 그 안은 피멍이 잡혀서 시커멓게 변해 건드릴 수 없을 지경이었다. 이대로는 의자에 앉는 것도 불편할 것 같았다.

나는 물론 남편도 체벌에 대해서는 노이로제 반응을 일으킬 정도로 부정적인 편은 아니다. 하지만 잘못을 했더라도 체벌로 다스리는 것에 대해서는 회의적이었다. 특히 잘못에 대한 것이 아닌, 이유 없는 체벌이나 과도한 체벌은 심각한 문제로 보고 있었다. 게다가 정상적인 하교시간에서 1시간을 훌쩍 넘기면서까지 체벌을 받고 왔다는 건 분명히 짚고 넘어가야 할 문제인 것 같았다.

아이의 말을 들어보니 담임선생이 아닌 옆반 선생이 매를 댔다고 했다. 둘째의 반 아이들은 같은 반이라는 이유로 전부다 체벌을 받았는데 그 이유가 참 어이가 없고 기가 막혔다. 아이의 말을 빌면, 야자가 끝나기 10초 전에 함성을 지르자고 몇 명이 모의를 했다고 한다. 물론 그 기분을 이해하지 못하는 건 아니다. 우리 어릴 때도 야자가 끝나기 몇 분 전이면 가방을 챙기고 시계를 보느라 분주했으니까.

아무튼 그런 이유로 남자아이들 몇 명이 동의를 한 후 10초 전부터 고함을 질렀다고 했다. 그리하여 야자시간의 끝을 알리는 종소리와 고함소리를 함께 내자는 것이었다.(후에 선생은 끝까지 10초가 아닌 10분 전이라고 우겼다).

그 일에 동의를 한 아이들은 전부 네 명이었는데, 그 아이들의 함성소리가 제법 컸나보다. 옆방에서 지도를 하던 과목선생이 달려와 바로 진정을 시키는 것과 동시에 소리를 지른 네 명의 아이들을 색출했다고 한다. 결국 소리를 지르지 않은 아이들은 같은 반이라서 공동책임이라는 이름으로 모두 세 대씩 맞았고, 우리 둘째를 포함하여 소리를 지른 아이들은 몽둥이로 스물두 대씩 맞았다고 했다.

그 말을 듣자 남편은 화를 벌컥 내며 당장 학교로 뛰어가겠다느니, 교육청에 신고를 하겠다느니 하면서 분을 삭이지 못했다. 무슨 중범죄를 지은 것도 아니요, 크게 교칙을 어긴 것도 아닌데 이 정도의 체벌은 심하다는 것이었다.(15년 전이었던 그 당시에도 체벌은 문제가 되었으나 암암리에 체벌이 벌어지고는 했었다.)

 나는 우선 남편을 달랬다. 당장 인터넷에 올린다고 해결되는 것은 없다. 일에는 순서가 있는 법이니까 우선 담임하고 통화를 해보자. 이 일을 당장 공론화시킨다면 앞으로 얘를 학교에 보내지 않을 각오를 해야 하는 것이고, 나아가서는 전학이나 자퇴를 고려해야 한다 등등……. 이에 남편은 만약을 위해 증거를 남겨야 한다며 아이의 상처부위 사진을 찍기 시작했다. 그렇게 그 밤은 비교적 조용히 지나갔다.

지식을 가르치는 교사와 인성을 가르치는 선생

 다음 날 아침, 아무 일도 없었다는 듯 둘째를 등교시키고 바로 담임과 통화를 했다. 담임은 간밤에 있었던 일을 전혀 모르고 있었다.

 "예, 그런 일이 있었군요. 그런데, 어머님. 아이들을 지도하다 보면 체벌은 불가피합니다. 그런 점도 이해를 못하십니까? 집에서 한두 명을 키우는 것과 학교에서 많은 아이들을 다루는 것은 다릅니다. 특히 아드님처럼 말썽을 부리는 아이는 더욱……."

 난 전화로 단지 간밤에 이런 일이 있었고, 그 정도의 일에 이렇게 심한 체벌은 아닌 것 같다는 말을 했을 뿐인데 담임선생의 말은 점점 길어지기만 했다.

 처음부터 사실을 인정하고 사과를 받고자 하는 생각은 아니었지만, 담임선생의 태도는 내 화를 돋우기에 충분했다. 나는 천천히 심호흡을 하며 담임의 말이 끝나기를 기다렸다.
"선생님 말씀은 잘 알아들었습니다. 그런데 전 어떻게, 왜 이런 일이 일어났고 그 일에 대해서 담임선생님은 알고 계신지 그 진상을 알아보기 위해 아침부터 전화를 드린 것입니다. 절대 매를 든 그 선생님을 비난하려고 전화한 것이 아니란 말씀입니다. 하지만 선생님께서는 지금 제가 말을 이어갈 수 없을 정도로 그 과목 선생님 역성만 들고 계시니, 이래서야 어디 소통이 되겠습니까?"
그제야 담임선생은 사건의 진상을 알아보고 다시 전화 드리겠노라고 하고는 전화를 끊었다. 난 오전 내내 담임의 전화를 기다리며 마음을 다스려나갔다.
점심시간이 한참 지나서 전화가 왔다. 역시 내 예상대로 담임선생은 일장 연설을 늘어놓기 시작했다.
"……그렇게 젊은 선생의 열정이 지나쳐서 매를 조금 심하게 때린 것 같습니다. 딴에는 열심히 지도하다보니까 그렇게 된 것인데, 그런 선생들의 열정을 이렇게 학부모님들이 누르게 되면 선생들은 좌절할 수밖에 없습니다. 결국 그러면 어떻게 되겠습니까? 열정이 사라지면 그냥 벌점이나 주고, 너희들이 알아서 학교생활 해라는 식으로밖에 변하지 않습니다. 선생들이 모두 그렇게 아이들에게 열정을 다하지 않고 무관심하게 점수로만 매기길 바라십니까? ……또 아드님처럼 학습 분위기도 망치고 말을 잘 듣지 않는 아이는 때로는 체벌이 필요합니다. 그렇다고 심하게 드는 것도 아니고 아주 약간 지나쳤을 뿐인데 이렇게 태클을 거시면……. 그냥 고등학교나 졸업시키자고 비싼 등록금 내는 건 아니지 않습니까? 아이를 맡기셨으면 아이의 학교생활에 대한 책임은 스스로 지게 두셔야지요……."
원래 남의 말을 끝까지 들어주는 편인 나는 이번에도 담임선생의 말을 끝까지 다 들어주었다. 하지만 그 사이사이에 내가 할 말들을 조목조목 되새기고 있었다. 화는 났지만 속으로 심호흡을 하며 감정을 눌렀다. 이렇게 말을 잘하는, 특히나 권위의식이 가득한 선생들과의 대화에서 가장 필요한 것은 냉철한 이성이었기 때문이었다.

자신이 하고픈 말을 다 한 담임선생의 말이 오래토록 이어지는 동안, 난 그의 생각을 훤히 읽을 수 있었다. 결국 우리 둘째처럼 공부도 못하는 아이는 학교 측에서 볼 때 문제아밖에 되지 않는다. 딱히 교칙을 어기거나 큰 문제를 일으키지 않아도 공부를 못하는 아이는 잘 대해줄 필요가 없는 것이다. 그냥 공부를 잘하는 아이들의 밑에서 들러리나 서주다가 학교를 졸업하는데, 그런 아이들까지 다 끌어안고 갈 필요가 있는 것인가라는 담임의 생각이 확연히 드러났다.

한바탕 담임의 긴 말이 끝나고 드디어 내가 말을 할 차례가 되었다. 전화상으로도 담임선생은 학부모의 기를 완전히 눌렀다고 판단했는지 여유로운 태도가 느껴졌다.

"선생님 말씀 잘 들었습니다. 저도 젊은 선생님들의 열정은 참 존경합니다. 그러니 선생님이 되셨겠지요. 하지만 한 가지 제가 드리고 싶은 말이 있는데요, 열정(熱情)과 열화(熱火)는 구분하셔야지요. 아이들에게 있어 선생님들의 열정은 참 필요하지만 열화는 조심하셔야 할 것 중 하나인 것 같습니다. 그걸 구분해서 적절하게 사용할 수 있어야 진정한 선생이지 않을까요? 교사(教師)는 아이들에게 지식을 가르치는 사람이지만, 선생(先生)은 아이들에게 인성을 가르치는 사람입니다. 아이들에게 지식만 주는 교사가 될지, 제대로 된 한 사람의 인격체로 키울 선생이 될지는 알아서 판단하십시오."

내 말이 끝난 순간 수화기 너머로 잠시 침묵이 흘렀다. 권위의식이 가득한 대부분의 선생들이 우를 범하는 것 중 하나가, 아이와 부모를 똑같은 수준으로 치부한다는 것이다. 공부를 못하는 아이는 곧 문제아라는 인식 너머에는 그 부모 또한 문제부모라고 생각한다는 것이다. 그렇기에 지금껏 어려운 말까지 써가며 나를 누르려고 했던 담임선생이었는데, 내가 뜻밖의 말을 하자 놀란 것이었다.

마지막으로 선생님들의 권위를 세워주라

나 또한 말을 하면서 차츰 분노의 감정이 가라앉았다. 담임선생의 말을 한참 듣고 있자니 화가 치밀었지만 이것이 바로 우리 대한민국 교육의 현실이요, 대부분의 교육자들이란 것을 알았던 것이다. 씁쓸했다.

담임선생도 내 뜻밖의 반격에 잠시 할 말을 잃은 듯했다. 난 다시 말을 이어갔다.

"아이들을 때린 그 선생님이 젊습니까?"

"예? 아, 예. 경력이 얼마 되지 않은 분입니다."

"그렇다면 그 선생님도 이번 일로 좀 성장하지 않으셨나 싶군요. 아무도 이의제기를 하지 않고 넘어갔더라면 매를 들어 아이들을 지도하는 것이 당연하다고 생각하셨을지 모르겠지만, 아이들을 가르치기 시작한 지 얼마 되지 않은 시기에 이런 일이 벌어져서 제가 항의를 했으니 아마 생각이 달라지실 것 같은데요? 그 열정은 버리지 마시고 열화는 승화시키셨으면 좋겠네요."

내 말이 끝나자 그제야 담임선생은 죄송하다는 말과 함께 재발방지를 약속했다.

"선생님, 사실 제가 전화를 드린 목적도 사과와 재발방지를 받고 싶어서였습니다. 그런데 선생님이 지금까지 엉뚱한 말로 저를 누르려고만 하셨지 않습니까? 어차피 사과도 하시고 다시는 그런 일이 없도록 하겠다니 저도 다시는 이 일을 거론하지 않겠습니다."

잠시 뜸을 들인 후 나는 내가 한 말의 마무리를 지었다.

"그리고 막말로 요즘 아이들 얼마나 무섭습니까? 동영상이나 사진이라도 찍어서 인터넷에 올리면 선생님이나 아이들 모두 상처가 크지 않습니까? 그러지 않고 그냥 조용히 돌아온 아이들에게 고맙다고 하십시오. 저 또한 아들에게 이렇게 교육을 시켜서 보냈습니다. '학교에서 이렇게까지 매를 맞고 온 것은 분명히 잘못된 것이다. 결과야 어떻든 미성년자인 네가 이 문제를 해결할 수 없으니 엄마가 나서겠다. 하지만 너에게 선생은 어디까지나 선생이다. 그 사실에는 변함이 없다. 이유여하를 떠나 선생님은 선생님으로서 존경하고 따르라'고 말이죠."

처음과는 달리 담임선생은 무조건적인 권위의식만 내세우지 않았다. 아니 오히려 너무 저자세를 취했다. 나중에는 선생님의 권위를 세워줘서 감사하다는 말까지 할 정도였다. 사실 내친 김에 아이를 때린 그 젊은 선생과도 통화를 할까 생각했지만 어차피 다시는 이 일을 거론하지 않겠다고 했으니 그 정도에서 접었다.

나중에 들어보니, 함께 매를 맞은 다른 세 명은 부모들은 그 누구도 전화를 하거나 찾아오지 않았다고 한다. 아니, 그 부모들은 아들이 매를 맞은 사실조차도 모르고 있었다. 아이들 스스로가 매를 맞은 것을 부모에게 말하지 않았던 것이다. 말을 해봤자 "네가 잘못했으니 맞았지"라고 한다거나, 더 심하게는 학교에서보다 더욱 혼이 날 것을 두려워해서 아예 제 부모에게 말을 하지 못한 것이었다. 자식을 대하는 부모들의 열린 태도가 절실하게 필요한 상황이었다.

일을 끝내고 저녁에 들어온 남편은 내 해결방법을 듣고는 장하다며 등을 두드려주었다. 자칫 크게 번질 수도 있는 일을 현명하게 처리했다는 것이다. 내 전화 한 통으로 권위의식이 가득한 경력 오래된 선생님의 생각이 바뀌리라고 기대하지는 않는다. 하지만 적어도 학부모를 대하는 태도는 조금 달라지리라고 본다.

공부 못하는 아이는 곧 문제아라는 선생님들의 생각이 바뀌지 않고, 애정을 동반한 열정과 화를 동반한 열화를 구분하지 못하는 선생들이 많을수록 학교는 점점 더 삭막해질 것이다. 물론 지금은 체벌이 금지가 되었고 그 반대급부로 오히려 교권이 바닥에 떨어진 상황이다. 이는 사회가 전부 나서서 해결해야 할 문제이다.

가수가 되고 싶어요

허황된 꿈

첫째는 중학교 2학년 이후로 소위 우등생이 되었다.(성적 향상에 관한 이야기는 뒤에 <관심>편에 나온다.) 고등학교에 들어온 이후로는 더욱 열심히 공부해서 이과를 선택했고 2학년이 될 때까지도 상위권의 성적을 유지했다. 그런 첫째가 어느 날 갑자기 가수가 되겠다고 선언했다.

미디어가 활성화되어 있던 21세기 초반부터, 여자아이들이 보통 초등학교 고학년이 되면 흔히 그런 생각들을 한다고 한다. 아이들 눈에는 마냥 동경의 대상일 수밖에 없는 연예인들의 화려한 모습 때문인지 그 또래의 아이들에게 장래희망 1순위는 당연 연예인이라고 했다.

하지만 고등학교 2학년씩이나 된 아이가, 그것도 수능을 1년 남짓 남겨놓고 문·이과 선택까지 마쳐서 공부에만 전념해야 할 아이가 얼토당토않은 이야기를 꺼내는 데는, 아이들에게 관대한 편인 나조차도 용납할 수 없는 문제였다. 난 당연히 말도 되는 않는 소리라며 더 이상의 대화를 거부했고 아이도 그 일 이후로 잠잠해졌다.

그런데 문제는, 내가 허락을 하지 않자 아이가 나 몰래 그 일을 추진하고 있었던 것이다. 유명한 연예기획사에 오디션을 보러 다니는 것은 알고 있었지만, 그런 곳에 가봤자 떨어질 것이 분명했기에 별로 신경을 쓰지 않았다.

아이도 내가 익히 알고 있다는 것을 알기에 굳이 감추려 들지도 않았다. 하지만 더 큰 문제가 있었으니, 다달이 내가 용돈을 주는 것을 쪼개어 몰래 춤을 배우러 다니는 것이었다.

쉬는 날이면 하루 종일 잠만 자기 바빴던 잠꾸러기 딸이, 그 즈음에는 새벽같이 일어나 어디를 가고 밤늦게 돌아오고는 했다. 토요일도 마찬가지였다. 학교가 끝나기가 바쁘게 점심도 굶고 어딘가를 가서는 밤늦어서야 집에 돌아왔다. 알고 보니 나 몰래 춤을 배우러 다니는 것이었다. 가수가 되려면 댄스가 필수이기에 몇 명이 팀을 짜서 배운다는 것이었다.

학습지 하나, 학원 하나 다니지 않으면서 유지한 성적이기에 난 당연히 걱정이 되었다. 이렇게 잠자는 시간까지 줄여가며 춤을 배우느라 성적이 떨어질까 우려가 된 것이다. 지금이야말로 정말 중요한 시기인데 이렇게 마냥 시간을 버리게 할 수 없었다. 그래서 아이와 심각하게 장래에 대해 의논하게 되었다.

며칠 동안 같은 이야기를 되풀이하면서 첫째를 달래도 보고, 설득도 시켜보고, 연예계가 얼마나 무섭고 험한 곳인지도 말해주었다. 하지만 아이의 뜻은 요지부동이었다. 결국 나는 아이를 포기시키기 위해 다른 방법을 강구해야 했다.

직접 부딪히게 하라

내가 택한 방법은 그 방면의 전문가를 직접 만나게 해주는 일이었다. 외국의 경우에는 고등학교 재학 중에 원하는 직업체험을 하는 프로그램이 있다는 것을 어디선가 본 적이 있다. 그와 비슷한 경험을 해주게 할 생각이었다. 그래야 쉽게 포기를 시킬 수 있을 것 같았다.

나는 내 인맥을 총동원하여 유명한 작곡가 선생님을 소개받을 수 있었다. 직접 그분의 작업실로 아이를 데리고 가서, 녹음할 때 쓰는 마이크에 대고 노래를 해보게 했다. 가기 전에 미리 작곡가 선생님께 부탁을 해서 제발 포기를 시켜달라고도 했었다.

생전 처음 진짜 마이크에 대고 노래를 하는 첫째는 긴장된 마음을 감출 수 없는지 지독히도 떨었다. 그러자 작곡가 선생님은 그렇게 떨기만 해서는 절대 많은 사람들 앞에서 노래를 부르는 가수가 될 수 없다며 가차 없이 독설을 늘어놓았다. 또한 한 번도 제대로 배워보지 못한 발성이나 호흡법 등도 지적하며, 공부해서 서울대 가는 게 더 쉽다는 말로 희망의 싹을 지우려 했다. 하지만 너무 단점만 지적하는 것이 미안했는지, 음정 하나는 정확하다며 타고난 음감은 있다고도 말을 해주었다.

그 말에 얼굴 가득 화색을 띤 첫째는 작곡가 선생님과 헤어져 돌아오는 길에 다시 한 번 의지를 불태웠다.

"엄마, 나 꼭 가수가 될 거야. 그러니까 보컬학원 보내줘. 응?"

나는 그런 모욕을 받고도 꿈을 포기하지 않는 첫째가 대견하면서도 어이가 없었다. 다른 걸 하겠다면 기꺼이 시켜주겠지만 연예인이 되겠다고 학원을 보내달라는 것은 또 다른 문제였다. 하지만 아이의 그 다음 말들은 내 마음을 움직이기에 충분했다.

"나 방학하면 작곡가 선생님 자주 찾아갈 거야. 자주 가서 얼굴도 익혀놓고 귀찮게 하면 지겨워서라도 뭐 하나라도 가르쳐주시겠지. 그리고 보컬학원 다니면서 700시간 정도 노래 부른 다음에 찾아오면 된다고 했어. 두고 봐, 엄마. 난 꼭 내 꿈을 이룰 테니까."

결의에 찬 첫째의 말을 들으며 난 그 앞에서 "절대 안 돼!"라는 말을 할 수 없었다.

저녁에 집에 와서 상의를 한 결과, 아이들 아빠가 나보다도 먼저 첫째를 보컬학원에 보내라고 결정을 해버렸다. 그렇게 하고 싶다고 하는데 한 번 시켜보라는 것이다. 지금이 제일 중요한 시기라는 말은 어른들인 우리의 판단일 수도 있다는 게 남편의 뜻이었다. 이 아이는 스스로 다른 길을 찾아서 가려고 하는데 억지로 우리가 못 가게 막을 수는 없었다. 일단 선택은 제 스스로 했으니 후회를 하더라도 제 스스로 깨달음이 있을 것이라는 말이었다.

어찌 보면 무책임할 수도 있는 말이었지만, 나 역시도 남편의 생각에 공감했다. 고등학교 2학년 정도의 나이면 제 스스로 판단하고 결정을 할 수 있는 나이였다. 그에 따르는 책임감이나 후회도 제 몫일 것이다.

아이의 편에 서라

그 다음날 난 첫째를 데리고 보컬학원에 등록을 시켰다. 그리고 학교 담임선생님에게 전화를 걸어 야간자율학습을 빼달라고 청했다.

담임선생님은 일언지하에 첫째의 야간자율학습을 뺄 수 없다고 했다. 지금이 가장 중요한 시기인 것도 그 이유였지만, 또 다른 이유는 함께 공부하는 아이들 간에도 문제가 된다는 것이었다. 다들 학교에 남아있고 싶지 않은데 억지로 앉아있는 것이기에, 누구는 빼주고 누구는 안 빼주면 전체적으로 사기가 떨어진다는 것이다.

그 말에는 공감을 했지만, 난 부모로서 확실하게 내 아이의 편에 서기로 했다. 우선 아이가 무엇을 원하는지 선생님께 말씀을 드리고 그 뜻에 따라달라고 청했다. 내가 할 수 있는 데까지는 아이를 말렸지만 결국 뜻을 꺾을 수 없었던 이야기도 했다. 유명한 작곡가 선생님에게 그 모욕을 당하고도 원하는 길을 가겠다는 큰딸의 의견을 존중하겠다고 했더니 결국 선생님도 내 의견을 따라주었다.

그 며칠 후, 다른 일로 담임선생님에게서 전화가 걸려왔다. 그 이야기를 하던 도중에 나는 첫째가 그 달 점심급식을 신청하지 않은 걸 알았다. 담임선생님께서 늦게라도 급식신청을 해주십사, 하고 청한 것이다. 담임선생님이 첫째를 불러서 급식을 신청하지 않은 이유를 물으니, 보컬학원에 등록해서 집에 돈이 없을 것이기 때문에 밥을 굶기로 했다는 말을 들었다고 했다. 선생님이나 나나 어이가 없어서 전화에 대고 한참을 허허 웃었던 적이 있다.

그 정도로 아이의 열정이 강하니 당분간은 절대 말릴 수 없을 것이라는 생각이 들었다. 집에 돈이 없을까 봐 밥까지 굶을 생각을 할 정도면 자신의 선택에 대한 책임도 질 수 있을 것이다. 담임선생님은 첫째를 불러 급식을 신청하라고 지시하고, 정말로 부모를 위한 길은 밥을 굶는 것이 아니라 내가 선택한 길을 가기 위해 최선을 다하는 것이라는 말도 해주었다고 했다.

그렇게 학원에 등록을 시켜주고도 몇 달 동안 엄마인 나는 아이가 포기하기를 바랐다. 하지만 첫째는 학원을 다니면서도 공부 또한 열심히 해서 상위권의 성적을 유지하고 있었다. 그것만으로도 아이의 간절한 바람을 알 수 있었다.

정말로 자신이 원하는 것을 하는 데는 그만큼 책임감과 의무가 따른다. 다행히 첫째는 그것을 잘 아는 것 같아 앞으로 지속적으로 지켜볼 따름이다.

말 한마디의 파급력

도서관에 가지 못하는 아이

막 초등학교에 입학했을 때부터 이미 셋째는 책에 관심이 참 많았다. 그래서인지 학교도서관에 가는 것을 굉장히 좋아했다. 평소에는 늘 책을 빌려다보고는 했었는데 방학이 되자 대출을 할 수가 없었다. 그래서 여름방학이 시작되자마자 셋째는 학교도서관에 가서 살다시피 했다.

집에서 나가 횡단보도만 건너면 바로 학교인지라 매일 일과처럼 학교도서관에 가서 사는 아이에 대해 큰 걱정이 없었다. 처음 몇 번은 함께 가주기도 하였지만 내가 바빠서 못 나가는 날이면 아이 혼자 가서 책을 읽고 오는 일도 있었다.

그날도 여느 때처럼 아이 혼자 도서관에 보냈는데, 한 시간도 못 되어 셋째가 엉엉 울면서 현관문을 들어서는 것이 아닌가!

무슨 일이 있었나 싶어 깜짝 놀라서 아이를 달래고 이유를 물어보았다.

"엉엉엉……. 도서실 선생님이 엉엉……."

당시 마음의 병이 깊었던 셋째는 자신의 생각을 제대로 표현하는 것조차 서툴렀다. 그래서 나는 인내를 가지고 아이가 차분히 말을 할 때까지 기다렸다. 그리고 아이의 입을 통해서 들은 말은 다음과 같았다.

방학이면 학교에서 도서관에 다니는 아이들을 위해 날짜가 적힌 종이를 나눠준다. 그 종이에 매일 도장을 받아서 가장 많이 받은 학생은 시상을 하는 것이다. 물론 우리 셋째처럼 책이 좋아서 가는 아이도 있지만 그 출석도장을 받으려고 가는 아이도 있을 것이다. 하지만 그것도 저학년의 경우에나 도장을 받기 위해 노력하지, 학년이 조금만 올라가도 별 의미를 두지 않는 것이 사실이다.

이제 막 학교에 입학한 1학년이었던 셋째는 그 도장을 받는 재미도 남달랐던 모양이다. 그때까지는 하루도 빠지지 않고 도서관에 갔으니 당연히 그럴 것이었다. 그런데 그만 그 출석종이를 잃어버렸단다. 매일 주머니에 넣어가지고 갔다가 책을 읽고 나오면서 도장을 받고는 했는데, 그날은 어디에서 잃어버렸는지 아무리 찾아도 보이지 않더란다. 도서관과 복도, 길가를 다 뒤져봐도 결국 종이는 찾을 수 없었고 도장도 받지 못했다고 그렇게 울고 돌아온 것이다.

나는 아이의 손을 잡고 다시 한 번 갔던 길을 되짚어가기 시작했다. 하지만 이미 사라진 종이가 있을 리 만무했다. 결국 아이와 나는 학교도서관까지 들어가게 되었다. 도서관에서 봉사를 하는 선생님께 사정을 설명하니 종이를 다시 내주었지만 지나간 날짜의 도장은 다시 찍어줄 수 없다고 하셨다.

나는 안타까움에 아이가 그동안 한 번도 도서관에 빠지지 않고 나왔다며 다시 한 번 부탁을 해보았다. 하지만 선생님은 여전히 고개를 내저으며 이렇게 말을 하는 것이다.

"애들이 전부 얘처럼 잃어버렸다고 하면 어떻게 해요? 지금까지 다 왔었다고 거짓말하면 우리로서는 확인할 방법이 없잖아요? 잃어버렸다고 하고 다들 얘처럼 엄마 손잡고 끌고 와서 도장 찍어달라고 하면 안 되는 거잖아요? 절대로 찍어줄 수 없어요."

그 말을 듣는 순간 내 손을 꼭 잡고 있던 아이의 얼굴은 사색이 되었고 나 또한 놀라서 숨을 들이켜야 했다. 물론 그 선생님의 말씀이 옳았지만 말을 하는 방법에 문제가 있었다.

나 또한 조금 억지를 부리기는 했다. 본인의 실수로 잃어버린 출석도장을 다시 찍어달라고 하는 건 공정하지 않은 처사라는 걸 잘 안다. 그리고 당연히 그걸 찍어줄 수 없는 것도 잘 알고 있었다. 하지만 아이가 거짓말을 한 거면 어떻게 하냐는 그 말에 셋째는 그만 울먹거리고 말았다.

"나 거짓말쟁이 아닌데······."

차마 크게 울지도 못하고 상한 마음을 추스르지도 못한 아이는 그렇게 울먹이며 얼마나 아파했는지 모른다. 아이에게는 종이를 잃어버렸다는 것보다, 졸지에 자신이 거짓말쟁이가 되었다는 것이 더 큰 상처로 다가온 것이다.

아마 그 선생님은 엄마인 내가 가서 부탁을 했기 때문에 더 심하게 말을 한 것인지도 모르겠다. 하지만 최소한 아이의 입장에서 말을 해주었더라면 하는 아쉬움이 있다. 분명히 아이가 1학년이라고 말을 했고, 이제 막 학교에 입학해서 한창 도서관에 재미를 붙일 아이에게 충분히 다른 말로도 설명을 할 수 있었을 텐데 대화의 기술이 약간 부족했다는 생각이 들었다.

물론 그 선생님으로서는 우리 셋째의 성격이 어떤지 몰랐을 것이다. 또 그 말로 인해 아이가 그 이후로 초등학교를 졸업할 때까지도 도서관 근처에는 가지도 않을 정도로 상처가 컸으리라고는 짐작도 하지 못했을 것이다.

그날 이후로 셋째는 더 이상 학교도서관에 가지 않았고, 그 좋아하던 책을 읽을 때는 버스를 타고 나가야 하는 번거로움을 무릅쓰고 구립도서관을 이용했다. 그리고 나도 가능하면 사서 읽히는 쪽으로 방향을 바꾸기는 했지만, 그때의 그 상처는 아이의 성장에 큰 흉터가 되어 지금도 남아있다.

잘못된 일은 똑바로 가르쳐주어야 한다

그 일을 겪은 후, 내 자신도 말을 함에 있어 각별히 조심하게 되었다. 특히 상처를 받기 쉬운 아이들을 상대한 후부터는 더욱 말과 행동에 신중을 기했다.

당시에 2년 남짓 지역아동센터 아이들을 가르쳤었다. 일반 가정의 아이들보다는 내재된 아픔이 많은 그 아이들을 대하는 것이 몇 배나 더 힘들다는 것을 몸소 체험해야만 했다. 아이들은 말 한 마디로 인해 크게 성장하기도 하고, 반대로 크게 좌절하기도 한다. 아이들은 시선 한 번 더 마주치면 밝아지고, 이름 한 번 더 불러주면 환해진다. 복잡한 것 같지만 단순한 사랑의 진리가 여기에 있다. 그리고 나 또한 알게 모르게 가해자가 되기도 한다는 사실도 늘 염두에 두어야 한다.

얼마 전 셋째를 데리고 길을 가는 중이었다. 저만치 앞에서 한 아이가 다가오며 우리 셋째에게 반갑게 인사를 했다. 같은 반 친구라며 셋째와 인사를 하고 지나치는데, 갑자기 셋째가 이런다.

"엄마, 쟤가 내가 말했던 그 장애인이야. 봐, 말을 잘 못하지?"

그 말에 난 화들짝 놀라 그 자리에서 셋째를 호되게 야단치고 말았다. 셋째의 말을 들은 그 아이와 할머니가 상처를 받은 얼굴로 우리를 돌아보았다. 난 그 자리에서 바로 셋째를 향해 그 아이에게 사과를 할 것을 요구하며 엄한 시선을 떼지 않았다. 셋째는 영문도 모른 채 자신이 한 짓이 옳지 못하는 것만 인식한 상태로 친구에게 가서 사과를 했다. 나 또한 내 아이의 실수를 용서해달라며 그 아이와 할머니에게 다가가 사과를 했다.
　그 할머니는 손을 내저으며 나를 향해 빙그레 웃어주시며, 이렇게 와서 사과를 하는 사람은 내가 처음이라며 오히려 고맙다고 하셨다. 그리고 가던 길을 가시는데 차마 미안해서 그 곁을 쉽게 떠날 수가 없었다. 그 길로 집에 돌아온 나는 셋째에게 본격적으로 무엇에 대해 잘못한 것인지 알려주기 시작했다.
　"셋째야, 넌 안경을 썼지? 네 친구 누구는 피부가 검지? 그리고 누구는 키가 작지? 그럼 너와 다르게 생긴 그 친구들은 다 장애야?"
　그 모든 물음에 셋째가 고개를 젓는다.
　"오늘 만난 네 친구도 마찬가지야. 그 애가 말을 좀 더듬고 표현이 서툴다고 해서 너희들보다 못한 건 아니야. 장애인이라고 하지 말고 너희들과 조금 다르다고 생각해. 네가 안경을 쓴 것처럼, 그리고 다른 아이들이 피부가 검거나 키가 작은 것처럼, 그렇게 생긴 게 조금씩 다를 뿐이야. 장애도 마찬가지야. 우리와 조금 다를 뿐이지, 그것이 결코 놀림감이 되어야 하는 것은 아니야. 알겠니?"
　눈높이에 맞춰 말을 해주니 셋째가 알아듣는다는 표정이다. 나는 기특하다며 칭찬을 해준 후 말을 이어갔다.
　"그리고 그렇게 그 애가 듣는데서 큰소리로 말하는 거 아니야.

넌 누가 너더러 뚱뚱하다거나 안경잡이라는 말로 놀리면 싫지? 개도 똑같은 거야. 그러니까 앞으로는 장난으로라도 그렇게 말하지 마. 알았지?"

다행히 아이는 알아듣고는 눈물을 글썽인다. 자신이 뭘 잘못했는지 비로소 깨달은 모양이었다.

그 이후로도 한참 셋째와 나는 그 아이에 대해 이야기를 나누었다. 같은 반에 있는 대부분의 여자아이들은 그러지 않는데 자기네 반 반장은 그 애한테 심하게 한다고 했다. 욕도 하고 발로 차기도 하고 물건도 거칠게 집어던진다는 것이다. 그것이 나쁜 행동이라는 것을 알면서도 어떻게 해야 할지를 몰라 지켜만 본다고 했다.

셋째가 말하는 반장이라는 아이는 개인적으로 그 아이 엄마와 잘 아는 사이기에 마음이 좋지 않았다. 그렇다고 이런 문제로 선뜻 말을 꺼내기도 뭐했다. 하지만 언젠가는 지나가는 말로라도 그 엄마에게 설명을 해줘야겠다고 생각했다.

나는 셋째에게, 다른 아이들보다 네가 나서서 그 친구를 방어해주라고 시켰다. 나쁜 행동을 하는 사람을 타이르지 못하고 지켜만 보고 있다는 것은 똑같이 나쁜 짓을 하는 것이라고도 말해주었다. 아이가 이해하기에는 좀 어려울까 싶었지만 다행히 셋째는 빙그레 웃으며 고개를 끄덕였다.

그로부터 한참 뒤, 담임선생님도 장애를 가진 그 아이를 각별히 챙겼고 친구들도 선생님을 따라 그 아이를 대하는 태도가 달라졌다는 것을 알고 조금 안심이 되었다. 셋째의 담임선생님이라면 안심할 수 있었다. 최소한 선생님의 시선 안에서 일어나는 일에 대해서는 어느 정도 커버를 해주실 테니까.

그 일을 겪으며 셋째는 또 한 번 성장을 했다. 자신 또한 상처를 받기만 하는 쪽이 아니라 상처를 줄 수도 있다는 것도 알았고,

잘못된 말 한마디가 상대방에게 가서는 얼마나 아픈지도 깨달았을 것이다.

아이의 인성은 부모에게서 받는 영향이 가장 크다. 물론 태어날 때 가지고 나오는 본성도 있겠지만 그런 본성은 환경에 따라 얼마든지 변화가 가능하다. 장애를 가진 그 아이를 대하는 선생님의 태도를 보고 부디 반장이라는 그 아이의 행동이 달라지기를 바라는 것은 무리일까?

아이들은 말하는 것을 어른들을 통해 보고 배운다. 아이의 말이 거칠거나 위험하다면 먼저 나와 내 가족이 그렇지는 않은지 돌아보라. 그리하여 아이들에게 본보기를 보일 수 있는 어른이 되기까지 우리 또한 끊임없이 노력해야 함을 잊지 말아야 할 것이다.

사춘기 아들의 반항과 눈물

사춘기를 가장 힘겹게 겪는 시기, 중학생

한참 사춘기를 힘겹게 넘기고 있던 둘째가 중학교 때 있었던 일이다.

친척의 결혼식이 있어서 갔다가 점심을 먹는 중이었는데, 그 나이 때의 아이들이 그렇듯 둘째도 손에서 핸드폰을 놓지를 않는 것이다. 어른들도 모두 함께 식사를 하는 자리에서 핸드폰으로 문자 메시지를 주고받느라 아예 식사에는 관심도 없었다. 주변 어른들께도 민망하고 보기에도 좋지 않았던 나는 계속 눈치를 줬지만 아이는 들은 척도 하지 않았다.

보다 못한 첫째가 제 동생에게 얼른 밥부터 먹으라고 한마디 하고 말았다. 둘째는 고개를 홱 돌려 제 누나를 째려보며 윽박을 질렀다.

"그러면 나 아예 밥 안 먹고 나갈 거야."

말을 했던 첫째는 물론 옆에서 지켜보던 나도 화가 나서 나가라며 버럭 소리를 질러버렸다. 그러자 둘째가 기다렸다는 듯 말도 않고 벌떡 일어나서 나가버리는 것이다. 그것이 더 괘씸했지만 어른들이 많이 계셔서 화를 낼 수 없었다. 이미 나의 행동으로 인해 주변의 시선이 모두 우리에게로 쏠린 터였다.

뒤늦게 그 사실을 안 남편이 그날 저녁, 둘째의 핸드폰을 빼앗고 불같이 화를 냈다. 하지만 아들은 아빠의 말에 대꾸 한마디 없이 고개만 푹 숙이고 있어서 아예 대화조차 되지 않았다.

아빠의 일을 따라간 아들

다음 날 남편은 일을 나가면서 둘째를 데리고 나갔다. 겨울방학 중에 아빠를 도와 아르바이트를 하고 있던 아들도 전날의 일은 잊어버린 듯 터덜터덜 아빠의 뒤를 따라 나갔다. 나는 추운 날씨에 일을 나가는 남편과 아들을 위해 보리차를 따뜻하게 끓여서 보온병에 넣어주었다.

중학교 2학년 겨울방학 동안 둘째는 용돈을 벌어보겠다고 아빠의 일을 돕겠다고 했다. 초등학교 6학년부터 건축설비 일을 하는 아빠를 따라서 몇 번 심부름을 해본지라 일을 제법 잘했다. 딱히 심부름꾼이 필요하지 않은 남편이었지만 아들의 말이 기특해서 매일 데리고 다녔다. 아들은 방학 중에 꽤 많은 돈을 모은다는 계획을 세우고 있었다.

아들이 아빠를 따라서 일을 하고 오면 여러 가지 좋은 점들이 있었다. 우선 혼자 일하는 아빠가 심심하지 않아서 좋고, 아빠가 얼마나 힘든 일을 하는지 아들이 직접 보고 느낄 수 있어서 좋았다. 멀리 지방 출장을 갈 때면 시간에 쫓기느라, 또 경비를 아끼느라 식사를 대충 하기도 하는데 아들이 따라가게 되면 아들 때문에라도 제대로 된 식사도 했다. 사춘기를 지나면서 반항기를 통과하고 있는 아들도 고생하는 아빠를 직접 보면서 깨닫는 것이 많을 것이다.

그런 장점들이 있는데다 남편의 일이 그다지 위험한 일도 아닌지라 난 아들이 제 아빠를 따라서 일을 나가는 것을 말리지 않는다. 그래서 아들의 작업복까지도 마련해놓고 매일 두 사람을 출근시켰다.

아침에 남편과 아들을 멀리 안성까지 일을 보내고 난 후, 난 전날의 일을 이미 잊어버린 후였다. 오래 마음에 새겨봤자 좋을 것이 없었기에 나쁜 일들은 바로 잊어버리는 편이다. 이미 지나간 일을 곱씹어봤자 아이한테도 좋을 것이 없고, 한 번 야단을 치고 지나간 일은 다시 거론하지 않는 것이 우리 집의 불문율이기도 하다.

그날 저녁 일찍 일을 마치고 온 남편이 들어서자마자 아들의 핸드폰을 도로 내어주라고 하는 것이다. 벌써 화가 풀렸나 싶어 남편의 안색을 살폈지만 평소와 다름이 없었다. 나는 전날 남편이 압수했던 아들의 핸드폰을 돌려주고 두 부자의 일을 모른 척했다. 그리고 그날 밤, 남편으로부터 낮에 있었던 일을 전해들을 수 있었다.

그날 낮에 한 일은 남편의 몸에 무리가 많이 가는 일이었다고 한다. 보일러를 놓기 위해서는 바닥에 XL관을 깔아야 하는데, 잘 휘어지지 않는 XL관의 성질 때문에 한 번 깔려면 멀쩡한 사람도 힘이 많이 든다. 게다가 남편은 한쪽 다리가 불편하기 때문에 다른 사람들보다 배로 힘들었을 것이다. 무릎이 구부러지지 않아서 한 쪽 다리만 구부린 채로 비틀린 허리로 힘을 주어 몇 세대의 엑셀을 깔고 나면 그날은 아예 지쳐서 운전하기도 힘들어한다. 그런 모습을 아들이 고스란히 목격을 한 것이다.

　아들은 제 아빠를 도와주며 안쓰러움에 어쩔 줄 몰랐다고 한다. 아들의 모습을 마음에 새기고 있던 아빠가 돌아오는 차에서 자연스럽게 말을 꺼내 대화를 이끌었다. 마침 고속도로의 정체현상이 심해서 집까지 오는 길이 더욱 멀었다. 운전하기에는 힘이 들었지만 남편은 아들과의 대화를 더 오래 할 수 있어서 좋았다고 했다.

　큰소리를 내지 않고 조용조용 서로의 속마음을 이야기하기 시작했다. 그동안 아빠나 엄마한테 서운했던 것이며, 부모가 미처 이해해주지 못했던 것들을 말하다가 갑자기 아들이 펑펑 울기 시작했다는 것이다.

　남편은 조용히 아들이 울음을 그치기를 기다렸다. 그러자 한참 만에 울음을 그친 둘째가 훌쩍거리며 자신의 말을 시작했다고 한다.

　"제가 잘못했어요, 아빠."

　"뭘 잘못했는데?"

　"그냥 엄마한테……."

　남편은 아이의 그 말에 더 이상 어떤 대꾸도 하지 않았다. 그저 말없이 아들의 등을 토닥인 것이 다였다. 아들은 여자친구와 싸우느라 문자를 계속 해야만 했던 이야기며, 엄마가 말을 하자마자 벌떡 일어서서 나간 것, 그리고 주변의 어른들에게 엄마가 창피를 당하도록 한 것이 모두 잘못이었다고 말을 했다.

　남편은 속으로 씩 웃으며 아들의 등을 다시 토닥인 후 집으로 돌아왔다고 했다. 사내자식이 눈물을 흘리면서까지 엄마한테 잘못했다고 할 때는, 스스로의 깨달음이 얼마나 큰 것인지 알기에.

　다른 말을 더 듣지 않아도 나는 마음이 뭉클해져서 남편을 한 번 안아주었다. 아들과 조용히 대화를 나눌 줄 아는 남편도 고맙고, 또 아빠와 함께 마음을 열어 자신의 잘못을 인정하는 아들도 기특했다. 아이들은 절대 엄마 혼자서 키우는 것이 아니다. 특히 사춘기의 아들에게는 아빠의 노력과 관심이 절대적으로 필요하다.

자녀양육에 있어서의 아빠의 역할이 중요하다는 것은 몇 번을 강조해도 지나치지 않을 것 같다. 아이들은 엄마가 절대적으로 필요하지만 그에 못지않게 아빠도 필요하다.

자녀양육을 엄마에게만 맡겨놓고 방관하고 있는 아버지가 있다면 지금 당장 고개를 돌려 아이를 봐주기를 바란다. 내 아이가 얼마나 쑥쑥 자라고 있는지, 그리고 아빠를 얼마나 필요로 하고 있는지 그 순간 깨닫게 될 것이다.

부자(父子)간 대화의 시작

모든 대화는 문제해결의 출발점이다

남편과 아들이 비밀대화를 나누는 것을 우연히 듣게 되었다. 두 사람의 대화가 너무 진지해서 나는 감히 끼어들 수도 없었다. 이것은 둘째의 '말일기'에 기록되어 있는 글이다.

아버지 : 아들아, 너 여자친구 있냐?
아들 : 네.
아버지 : 언제부터 사귄 거야?
아들 : 며칠 됐어요. 왜 물으세요?
아버지 : 그냥 궁금해서. 엄마도 너 여자친구 있는 거 아시냐?
아들 : 네.
아버지 : 그래. 그런 건 비밀로 하는 것보다는 어른들께 말씀드리고 떳떳하게 만나는 게 좋지.
아들 : 네…….

아버지 : 너희들은 이성 친구 사귀면 뭐하고 노니?

아들 : 그냥 노래방도 가고 공원도 산책하고 PC방도 가고 그래요.

아버지 : 손은 잡아봤어?

아들 : (우물쭈물하다) 사실 손만 잡아봤어요.

아버지 : (놀라서) 그럼 손잡는 것보다 더한 것도 하냐?

아들 : 제 친구들은 다 뽀뽀도 해보고 안아도 보고 그랬어요.

아버지 : 난 말이다, 순결은 남자가 더 지켜야 한다고 생각한다.

아들 : …….

아버지 : 대부분 남자들이 이른 나이에 성경험을 한 것을 자랑스럽게 떠벌리고 그러지만 그건 공연히 자기합리화를 시키기 위해 하는 말일 뿐이야. 정말 사랑하는 여자가 나타났을 때, 자랑스럽게 몸과 마음의 순결을 바칠 수 있다면 그것보다 더한 선물은 없을 거다. 알았지?

아들 : 네.

아버지 : 진정으로 사랑하는 여자라면 그 여자를 아껴줘야 하는 거야. 혹시라도 지금 잠깐 사귀다가 헤어졌는데, 네가 사귄 여자가 이미 너로 인해 소중한 것을 잃었다고 생각해봐라. 너 말고 다른 남자가 그 사실을 알았을 때 불쾌할 거 아니냐? 그렇게 생각하면 나중에 네 아내가 될 여자가 또한 그런 여자가 될 수 있어. 그러니 네 자신부터 지킬 선은 지켜야 한다. 알았지?

아들 : 네.

아버지 : 그렇다고 다른 여자의 과거를 문제 삼는 좀팽이는 되지 마라. 그건 정말 가치가 떨어진 놈들이나 하는 짓이야. 자신을 아끼는 사람이라면, 여자의 과거 따위는 전혀 문제가 되지 않을 거다.

아들 : 너무 어려워요, 아버지.

아버지 : 그래. 아직은 어렵겠지. 나중일은 나중에 얘기하고 우선,

지금 넌 학생이니까 법적으로, 윤리적으로 네가 할 수 있는 선까지는 지켜야 하는 거야. 그것이 네 스스로 널 자랑스럽게 만드는 거다.

아들 : 네, 아버지.

그렇게 대화가 마무리되고 한참 있다가 문밖에서 듣고 있던 내가 모른 척 안으로 들어섰다. 나중에 슬쩍 남편한테 물어보니 아들과 자주 이런 대화를 한다고 한다. 과연 이런 예방주사가 얼마나 효과를 발휘할지는 모르겠지만, 일단 아들과 자연스럽게 대화를 나누는 남편의 자상한 모습이 흐뭇하다.

내 개인적으로는 위의 대화가 아주 잘했다고 평가하지 않는다. 아이들의 성교육에 있어서 가장 우선되어야 할 것은 성관계를 가지면 안 된다고 단정 짓고 시작하는 것이 아니라, 성관계를 가질 수도 있다는 열린 생각에서 시작되기 때문이다. 그런 면에서 남편의 생각은 아직도 보수적이다.

그럼에도 내가 기특하게 생각하는 것은, 일단 부자지간에 대화가 된다는 것이다. 대부분의 가정들이 그 어떤 문제를 가지고도 부모와 자식이 대화를 하려고 들지 않는데, 일단 성에 대한 부분에서 대화가 된다면 그것은 희망이 있다는 것이다. 자녀를 양육함에 있어 아버지의 역할이 얼마나 중요한지 새삼 강조하지 않아도 될 것 같다. 엄마보다는 동성(同性)인 아버지가 아들하고는 더 잘 통한다. 특히 아들의 성교육에 있어 절대 간과하지 말아야 할 것이 아버지의 역할이다.

체계적으로 교육을 받지 못한 경우라도 일단 아들과 자연스럽게 대화의 물꼬를 튼 이후에는 그 어떤 주제를 가지고라도 대화를 나누기가 쉬울 것이다. 아버지들에게 부탁드리고 싶다. 당장 오늘부터라도 아들과 대화를 시작하시라고.

마음이 아픈 아이의 요리수업

특별하고 즐거운 놀이, 요리하기

내가 자원봉사로 글쓰기 지도를 하는 지역아동센터에는 결손가정이나 저소득층 아이들이 많기 때문에 그 아이들의 마음을 읽어주는 것이 우선적으로 필요하다. 애정에 굶주린 아이들은 어른들의 약간의 관심도 굉장히 크게 받아들이고는 한다. 그런 아이들에게 지식을 가르친다는 건 그 다음의 문제였다.

지역아동센터에 가서 두 번 정도 수업을 한 이후, 아이들을 어느 정도 파악할 수 있었다. 그리고 그중에서도 엄마가 없는 아이나 부모가 모두 없는 조손가정 아이들은 확연히 눈에 띌 정도로 불안정해 보였다. 아빠가 없는 아이들은 별로 표가 나지 않는 것을 보면, 집안에서 엄마의 역할이 얼마나 중요한지 거듭 강조하지 않아도 될 것 같다.

당시 지역아동센터에는 셋째와 같은 나이의 여학생이 다니고 있었는데, 순이(가명)라는 그 아이는 엄마가 없이 아빠와 오빠와 함께 사는 아이였다. 성격도 활달하고 재능도 많은 아이였는데, 환경 탓이었는지 학습부진아로 지목되어 매일 학교에서 늦게까지 공부를 하고 오는 그런 아이였다. 주변의 환경으로 인해 학습부진아가 된 아이들을 보면 참 안쓰럽기만 하다. 환경만 바뀐다면 무한한 가능성을 보일 수 있는 아이였기 때문이다.

그 겨울 내내 순이를 지켜보다가 봄부터 내가 본격적으로 지역아동센터에 수업을 나가면서 순이에 대해 더 잘 알 수 있게 되었다. 엄마의 사랑이 고픈 순이는 늘 나만 보면 안기고 달라붙기 바빴다. 나만이 아니라 여자 어른들만 보면 나타나는 행동이었다.

다른 아이는 자신이 선택한 여자어른의 곁에 앉을 수 없고, 그 누구도 자신이 차지한 여자 어른에게 손을 댈 수 없을 정도로 집착을 보였다. 나에게도 그렇게 행동을 해서, 제 엄마인데도 가까지 오지 못하는 우리 셋째가 마음고생을 좀 했어야 할 정도였다.

근로자의 날이었던 5월 초하루. 많은 초등학교에서는 이 날을 맞아 체육대회를 했다. 우리 셋째가 다니는 학교도 마찬가지여서 이날 학부모님들의 많은 참여를 유도하기 위해 체육대회를 했다. 당연히 방과후학교인 지역아동센터는 휴관이었다.

체육대회가 끝난 후, 아빠가 퇴근할 때까지 가있을 곳이 없다고 순이가 나를 찾아왔다. 간절한 눈빛으로 나에게 호소를 하는 순이를 보면서 난 차마 그 아이를 돌려보낼 수 없었다.

사실 그 전주부터 시작해 몇 번 가정통신문을 보내어 근로자의 날에는 지역아동센터가 쉰다는 것을 알렸었다. 하지만 눈치를 보니 순이가 그 통신문을 제 아빠에게 보여주지 않은 것 같았다. 체육대회 날이니 내가 당연히 학교에 올 것을 알고 나를 따라오기 위해 나름대로 머리를 쓴 것이다. 그런 아이의 약은 행동들이 눈에 고스란히 보였다.

일단 집에 데리고 오기는 했는데 아이들만 그냥 놀게 하려니 심심할 것 같았다. 전에 우리 집에 몇 번 온 적이 있는 순이였는데, 사실 이 아이가 손버릇이 좀 나빴기 때문에 늘 지켜봐야만 했다. 그래서 아이들끼리 놀게 하는 대신 요리수업을 하기로 했다.

아이들의 마음을 들여다볼 수 있다

아이들에게 밀가루 반죽이나 찰흙놀이와 같은 촉감놀이는 정서적인 면에서도 도움이 된다. 그래서 나는 평소 우리 아이들과 자주 촉감놀이를 하는데, 그날은 순이도 동참시키면서 아이의 상태도 살펴볼 참이었다.

주방에 세 명의 아이들, 우리 셋째와 넷째, 그리고 순이를 앉혀 놓고 밀가루를 반죽해서 세 등분으로 나누어주었다. 그리고 각자 원하는 모양으로 만들게 했다. 동그랗게 둥글리기를 해도 되고, 쿠키 틀로 찍어도 된다고 했다. 도넛처럼 가운데에 구멍을 넣어도 좋다고 했다. 어떻게 만들든 먹게끔 해줄 테니까 각자 개성을 살려 만들라고 했다. 아이들은 자신들에게 주어진 반죽으로 개성을 살려 모양을 만들었다.

나와 함께 집에서 몇 번 밀가루반죽으로 만들기를 해봤던 우리 아이들은 제법 여러 가지 모양이 나왔다. 쿠키 틀을 이용하는 것도 손에 익어서 모양을 잘 찍어냈다. 하지만 요리수업이 처음인 순이는 뭘 만들어야 하는지도 결정하지 못했으면서 우리 셋째와 넷째가 쓰지 못하도록 하트와 별 모양의 쿠키 틀을 빼앗아 자신의 앞에만 갖다놓았다. 우리 아이들은 다른 모양의 쿠키 틀을 이용해야 했다.

순이는 우리 셋째의 예쁜 앞치마도 빼앗아 자신이 하고서 예쁜 모양의 틀도 차지하고 자리도 가장 많이 차지했지만 막상 반죽으로 모양을 만든 것은 가장 늦었다. 게다가 만들어진 모양은 틀로 찍은 것보다 둥글리기를 한 것이 더 많았다. 메추리알 크기만 하게 둥글리기를 해 놓은 밀가루반죽을 각자에게 내준 동그란 접시에 담았는데, 그 모양을 보니 아이의 내적인 불안 상태가 훤히 보였다.
　동그란 접시에 동그란 반죽이 역시 동그랗게 다닥다닥 붙어있었다. 접시의 테두리에 꽃모양의 장식이 띠처럼 둘러 있었는데, 그 모양 위로 반죽을 다닥다닥 붙여 띠를 두른 것이다. 진주목걸이를 연상하면 될 것이다. 진주알이 다닥다닥 붙어있는 그 모습처럼 조그만 밀가루반죽이 다닥다닥 붙어있는 모양. 순이가 지금 자신의 내부에 갇혀 얼마나 답답한 마음인지 짐작할 수 있었다.
　그렇게 한참 반죽을 한 아이들의 접시 세 개를 모아 튀길 것은 튀겨주고 구울 것은 구워서 과자를 만들어주었다. 순이의 것은 서로 붙어서 떼어가며 튀겨내느라 조금 시간이 걸리기는 했지만, 완성이 되어 먹는 것을 보니 기뻤다. 아이들도 스스로 자신이 만든 것을 먹으며 행복해했다.
　저녁이 되어 집에서 저녁식사까지 다 먹이고 순이를 집 근처까지 데려다주었다. 아이의 손에는 자신이 직접 만든 과자가 들려 있었다.
　"이거 네가 직접 만든 거니까 꼭 아빠랑 오빠 드려. 그리고 막 자랑해. 알았지?"
　그렇게 말하며 직접 과자를 챙겨주자 순이가 너무 좋아했다. 행여 떨어뜨릴 새라 비닐을 꼭 쥔 아이의 손에 하얗게 힘줄이 도드라질 정도였다. 그 이후로도 순이는 몇 번 우리 집에 와서 놀기도 하고 몇 번은 나와 함께 다른 요리도 만들었다. 또 소풍 때는 내가 직접 우리 셋째의 도시락을 싸면서 순이 것도 똑같이 싸서 보냈다.

전적으로 그런 내 노력 탓은 아니겠지만, 순이의 상태가 차츰 좋아졌다. 학교선생님, 지역아동센터 선생님, 그리고 아빠까지도 모두 아이의 상태에 관심을 가지고 커뮤니케이션을 하고 노력을 한 결과가 조금씩 보인 것이다.

그 이후로도 한동안 수업에 집중을 하지 못하기도 하고 사람에 대한 집착 역시 무척 강했지만 그 정도가 조금씩 덜해지는 게 보였다. 무기력했던 상태도 조금씩 좋아져서 스스로 뭔가를 시도하려는 것도 보였다. 순이의 변화되는 모습을 보고 지역아동센터 선생님들과 함께 기뻐한 일도 있다. 이렇게 우리의 노력들은 서서히 결실을 안겨주어 우리 스스로를 기쁘게 했다.

요리수업은 쉬운 것부터 시작하는 것이 좋다. 가장 기본적인 것이 밀가루반죽을 해서 각자 개성대로 만들기를 시키는 것인데, 밀가루를 반죽할 때부터 아이들을 동참시켜 지켜보게 한 후, 각자에게 자신의 몫으로 나눠주어 아무런 간섭 없이 만들도록 해야 한다. 그리고 그렇게 만든 것은 꼭 자신에게 주어 가족들이나 이웃에게 자랑하도록 하라. 그것이 아이의 자신감과 긍지를 한껏 올려줄 것이다.

내가 다 옳지는 않다는 깨달음

아빠의 무관심

여름방학이 되기 한 달쯤 전, 청천벽력과도 같은 소리를 들었다. 순이가 어느 날 갑자기 말도 없이 전학을 가버린 것이다. 그 전날 내 수업이 있었는데도 아무런 말도 듣지 못했었는데 다음날, 하루아침에 전학을 갔다고 한다. 그 말을 듣고 너무 어이가 없어서 지역아동센터로 달려갔었다.

사정을 자세히 알아보니, 순이네 집이 전체적으로 이사를 간 것이 아니라고 한다. 다만 그 집 사정을 잘 알고 있는 여자 체육 선생님이 소개를 해줘서 운동을 하기로 했다는 것이다. 그런데 더욱 황당한 것은 운동을 하러 아이를 전학시켰다고 하는데 정작 아빠는 그 학교에 한 번도 가보지도 않았고 코치가 누구인지, 담임이 누구인지도 모른다는 것이다.

운동부 학생들이 공부를 어떻게 하는지도 아예 모른 채, 소개해준 여자분 말만 믿고 보냈다는 것이 우리로서는 이해가 되지 않앉다.
 학교는 같은 지역에 있었으나 살던 곳과 거리가 상당히 떨어진 곳이었다. 버스와 전철을 타고 가는 데만 50분이 걸리는 곳이었으니, 초등학교 2학년 아이가 그 먼 곳까지 왕복 2시간 가까이 홀로 통학을 해야 하는 것이다. 과연 이 아이가 얼마나 견딜 수 있을지도 의문이었다.
 더구나 이런 모든 사실들을 초등학교나 지역아동센터에 미리 통보도 하지 않다가 전학가기 전날 밤에 전화로 말을 한 것이 다였다고 한다. 학교 담임선생님이나 지역아동센터 선생님들이나 황당하기는 마찬가지였다. 특히 지역아동센터 선생님들은 순이의 상태가 차츰 좋아지고 있는 상태여서 더욱 안타까웠다.
 엄마가 없어서 유독 아빠에 대한 집착이 강했던 아이가 순이였다. 엄마에 대한 사랑이 고픈 아이는 여자 어른들만 보면 어떻게든 자신이 차지하고 놓아주지 않으려 할 정도로 집착을 보이고는 했다. 하지만 아빠의 옆에 있는 여자에 대해서는 반가우면서도 동시에 거부하는 반응을 보이기도 했다. 그런 불안정한 상태에서 그나마 조금씩 좋아지고 있었는데 그런 일이 일어난 것이다.
 지역아동센터 선생님들은 모두 모여서 순이에 대해 이야기하며 안타까움에 엉엉 울어버렸다. 나 역시도 며칠 밤은 아예 잠을 제대로 자지 못할 정도로 서운하고 안타깝고 속상하기까지 했다. 그동안 내가 순이에게 쏟아 부은 정성이 안타까워서 화가 났다. 아무리 무심한 아빠라지만 어쩌면 그렇게 자식에게 무책임할까 싶은 생각이 며칠 동안 머리에서 떠나지 않았다.
 한편으로는 순이의 인생에 있어서 이것이 큰 고비가 될 수도 있다는 생각도 들었다. 엄마가 없는 날들을 보내며 불안해하는 순이에게 운동이라는 것이 새로운 희망이 될 수도 있을 것이다. 넘치는 에너지와 스트레스를 거친 행동으로 표현하기만 하던 순이가, 규율이 엄격한 운동부에서 생판 모르는 아이들과 부딪히며 겪어나가다 보면 변할 수도 있겠다는 생각도 들었다.

우리가 순이를 언제까지나 책임질 수도 없었고, 또 우리의 방법이 100% 옳다고도 할 수 없는지라 그냥 현실을 받아들이기로 했다.

밝아진 아이의 표정

지역아동센터 선생님은 순이에게 전화를 걸어 언제 한 번 놀러오라고 했다. 전학을 가면서도 한마디 인사도 못하고 간 것이 내내 서운하다며, 친구들 모두 순이를 위해 편지와 선물을 준비했으니까 한 번 놀러오라는 것이었다. 그렇게라도 순이를 다시 불러서 떠난 아이와 남은 아이들 모두의 마음을 위로해줄 생각이었다.

방학이 끝나고 난 그 주에 순이가 지역아동센터에 왔다. 그런데 아이가 달라져 있었다. 너무도 의젓하고 표정도 환한 것이, 전에 우리가 알던 순이가 아닌 것만 같았다. 늘 사람들에게 엉기고 관심을 받으려 애쓰던 모습이 사라졌다. 훌쩍 자란 몸도 그렇지만 표정이 너무 밝아져서 보는 우리들의 가슴이 탁 트일 정도였다. 자신이 입은 운동복을 자랑스럽게 내보이는 모습에서 우리는 일단 안심을 할 수 있었다.

우리의 우려와는 반대로 운동이 그 아이에게 딱 맞는 방법이었나 보다. 넘치는 에너지와 스트레스를 운동으로 풀어버린 순이는 훨씬 많이 자라고 안정된 모습이었다. 순이에게 운동을 시키자고 제안했던 그 여자 체육 선생님의 눈이 우리보다는 더 정확했다는 생각이 들었다.

　물론 보이는 것이 전부는 아니겠지만 우리의 방법만이 옳은 것은 아니라는 걸 알 수 있었다. 순이를 보면서 지역아동센터 선생님들도, 또 나도 아이들을 지도함에 있어 더욱 주의를 기울여야 한다는 것을 깨닫게 되었다.

　엄마가 없이 홀로 아이를 키우는 부자가정의 경우는 모자가정보다 더욱 세심한 지원이 있어야 한다. 그럼에도 현실적으로는 불가능한 경우가 많다. 순이네와 같은 경우도 아버지의 수입이 많아서 급식지원조차도 받지 못했다. 당시에도 모자가정에 대한 지원은 여러 방면에서 이뤄지고 있었으나 부자가정은 딱히 지원되는 것이 없었던 기억이 있다.

　순이도 그렇지만 뒤에서 언급하게 될 영이와 같은 아이들에게 필요한 것은 돈보다는 사람에 대한 신뢰와 애정이다. 적어도 일주일에 한 번 정도 정부에서 파견된 사람이 나가서 청소와 밑반찬이라도 해준다면, 아니 한 달에 한번이라도 휴일에 아이들을 데리고 가까운 공원이라도 나갈 사람을 파견해주기를 바란다면 지나친 욕심일까?

　우리나라는 아직 남자 혼자서 아이들을 키우는 데 있어 제도적으로나 사회적으로 부족한 부분이 많다. 순이와 같은 경우도 아이들 양육에 대해 전혀 무지한 아빠가 다른 사람의 말만 듣고 갑작스럽게 아이의 환경을 바꿔준 경우였다.

　물론 그 안에서 성장할 아이가 어떤 방향으로 자라게 될지 우리로서는 십수 년 후의 결과를 예측할 수 없다. 하지만 분명한 것은, 아빠가 아이에게 조금만 더 관심을 가지고 바라보게 된다면 엄마 못지않게 아이가 정말로 원하는 것이 무엇인지를 알 수 있다는 것이다.

홀로 아이를 키우는 아빠들이 모두 이렇게 무지한 건 아니겠지만, 간혹 이렇게 아이의 양육에 있어서 꼭 필요한 도움을 줄 수 있는 부분에 빈틈이 보인다면 사회에서 함께 아이를 키워줄 수 있는, 그런 사회의 구조적인 변화가 얼른 이루어졌으면 하는 바람이다.

가출한 아들의 친구

밥을 주는 것보다 마음을 읽어주기

둘째가 중학교 1학년 때. 저녁에 친구 하나를 데리고 와서 재워도 되냐고 묻는다. 눈빛이 탁하고 뭔가가 불안한 듯 계속 눈치만 살피던 아이였다. 둘째는 그 아이의 집이 공사 중이라 잘 곳이 없다면서 하룻밤만 재워달라고 했다. 순진하게도 난 아이들의 그 말을 곧이곧대로 믿고 둘째의 친구를 재워주었다.

둘째가 처음 집에 데리고 온 친구라 나름대로 신경 써서 먹을 것도 해주고 잠자리도 챙겨주었다. 그런데 그날 저녁, 아이들 둘이 슬그머니 나가더니 밤 10시가 넘어도 집에 들어오지 않는다. 그때부터 난 아이들이 뭔가 숨기고 있다는 것을 눈치 챘다.

아니나 다를까, 도서관에서 공부를 하다가 밤늦게 들어온 첫째가 학교에서 있었던 일을 말해주는 것이었다. 둘째가 데리고 온 그 아이가 없어져서 학교에서 둘째가 선생님과 같이 그 아이를 찾으러 다녔다는 것이다. 초등학교에 이어 중학교까지 누나와 같은 학교를 다니고 있던 둘째였기에 그런 사실들을 쉽게 알 수 있었다.
　그 말을 듣고는 둘째가 데리고 온 아이가 가출을 한 상태라는 것을 알았다. 하지만 겉으로 내색하지 않은 채 밤 12시가 다 되어 들어온 녀석들을 앉혀놓고, 말도 없이 밤중에 나가서 오래 있다가 들어온 것에 대해서만 야단을 쳤다. 다른 것을 아는 척했다가는 그 아이가 당장 우리 집에서 도망칠 것 같았기 때문이다.
　그렇게 밤이 늦어 그대로 재우고 아침 일찍 따끈한 밥과 국까지 끓여서 먹였더니 이 아이가 인사를 하며 가겠다고 한다. 걱정은 됐으면서도 난 당연히 집으로 갈 줄 알고 그냥 보냈다.
　그 아이가 나간 지 30분도 못 되어 아이의 담임선생에게서 전화가 걸려왔다. 그 아이가 며칠째 집에 들어가지 않아서 찾고 있는 중이었는데, 우리 집에서 재운 것이 맞느냐면서. 미리 알았으면 어떤 핑계를 대서라도 잡아두는 건데.
　추운데 며칠을 집에 들어가지 않고 밖으로만 도는 그 아이도 불쌍하고, 또 집에서 걱정하며 기다릴 그 부모 속은 어떨지 짐작이 가고도 남았다. 귀찮다는 이유로 밥만 먹여서 내보낸 내 무관심이 참 후회가 되었다.
　사실 며칠 전부터 가까운 곳에 사는 분이 우리 둘째가 그 아이와 친하게 지낸다며 주의하라고 했었다. 그 부모들을 전부터 잘 아는데, 행실이 별로인데다 소문도 좋지 않다고……. 하지만 난 선입견을 가지고 무조건 배척만 하는 사람이 되지는 않겠다고 다짐했던지라 내 아이들에게 무조건 그런 아이와 놀지 말라는 말은 하지 않는다.
　그때도 그런 아이와 어울린 것 때문이 아니라, 그런 형편의 아이를 그냥 돌려보낸 것 때문에 둘째를 야단을 쳤다. 그러면서도 난 내 자신에 대해 반성을 해야만 했다. 겉으로는 선입견이 없다.

남의 아이도 존중한다, 하면서 막상 그런 일이 닥치자 내 아이만 제대로 지켜내자는 생각을 가지고 있었던 것은 아닌지…….

그 부모와 선생님이 사방팔방으로 찾아 헤매는 것 같은데, 지난밤에 그 아이가 가출했다는 사실을 알았으면서도 연락을 취하지 않은 것은 내 이기심이 아니었는지…….

나 또한 열린 마음을 가지고 있다고 생각하면서도, 삐뚤게 나가려는 아이에 대해 제대로 된 대처를 하지 못한 것이 다른 집 엄마들과 별반 다를 것이 없다는 생각이 들었다.

그런저런 생각으로 마음이 편치 못했는데 그 며칠 후, 그 아이가 집에 돌아왔다는 소식을 들었다. 그러자 난 그 누구보다도 기뻤다. 둘째에게 말해서 조만간 그 아이를 집에 한 번 데리고 오라고 했다. 그러면 맛있는 걸 해주면서 두 팔 벌려 환영해주겠다고 했더니 둘째가 씩 웃는다.

말을 들어보니 그 아이의 부모가 며칠 전에 크게 싸웠다고 한다. 정말 목숨이 위태로울 정도로 심하게 싸웠다고. 그런데 그런 일이 자주 있다고 한다. 아이가 그 가운데서 견디기가 얼마나 힘이 들었을지 짐작이 갔다. 가정폭력의 제일 피해자는 역시 아이가 아닌가 싶다. 그래서 마음이 좋지 않았다.

아무튼 이 일로 가정 내에서 엄마의 위치가 얼마나 중요한지 다시 깨달을 수 있었다. 그리고 가출한 친구를 데리고 온 우리 둘째에게 한 방법도 옳았다는 것을 알았다. 내가 네 친구가 가출한 사실을 알고 있다고 말하고 야단을 쳤더라면, 그 밤중에 추운 거리로 친구를 내몬 결과를 초래할 수도 있었다. 그렇게 되었다면 우리 둘째도 엄마에 대한 불신과 원망이 가득 찼을 것이다. 하지만 그렇게 하지 않고 품어줌으로써 결론적으로는 두 아이를 다시 정상으로 돌려놓게 되었던 것이다.

몇 년이 지난 지금, 결국 그 아이는 중학교 졸업을 끝으로 학교를 다니지 않고 있다. 우리 둘째와 쭉 친하게 지냈더라면 내가 더 품어주기도 했겠지만, 그 이후로 둘째가 그 아이와 잘 어울리지 않았다. 어쩌면 내가 무언중에 둘째에게 강요하지 않았을까? 그런 아이와 가깝게 지내지 말라고.

지금의 나라면 절대 그러지 않겠지만 그때만 하더라도 내가 덜 성숙했을 때이니 능히 그랬을 것이라는 생각이다. 아이들과의 소통은 물론 눈높이를 맞추는 것에 대해서도 더욱 공부를 해야겠다.

남자아이들의 경우 특히 중학교 3년이 가장 중요한 시기인 것 같다. 그 시기에 사춘기를 겪으면서 앞으로 어떤 방향으로 나갈지 판가름 나기 때문일 것이다.

내가 했던 실수는 우리 집에 찾아온 아들의 친구를 먹이고 재워주기만 할 것이 아니라 마음을 읽어줬어야 했는데 그것을 하지 못했던 것이다. 적어도 사춘기 시절에 자신의 마음을 읽어줄 수 있는 어른 한 명만 있다면 잘못된 길로 나아가는 아이들은 적어질 텐데, 참 가슴 아픈 일이다.

불량 애기 씨

동생에게서 받는 스트레스

셋째가 어릴 때부터 유독 힘들어하던 것 중 하나는 동생에 관한 것도 있다. 3살 차이로 태어난 넷째는 소심하고 조용한 성격의 셋째와 여러 가지로 다른 성향을 가지고 있었다. 늘 밝고 여우 짓도 잘하고, 원하는 것이 있으면 꼭 가지거나 이루어야만 하는 욕심이 많은 아이였다. 그러다보니 사사건건 셋째와 부딪히는 일이 많았다.

어느 날은 셋째가 화가 잔뜩 난 표정으로 내게 다가와서 이렇게 따진다.

"엄마, 엄마는 애를 셋까지만 낳지 왜 넷을 낳았어?"

난 뜬금없는 셋째의 말을 이해하지 못해 멀뚱멀뚱 바라보기만 했다.

"엄마가 애를 넷이나 낳았으니까 막내 같은 애가 내 동생으로 태어났잖아."

그 말 한마디로 난 셋째가 넷째로 인해 얼마나 큰 스트레스를 받는지 알 수 있었다. 물론 전부터 기가 센 넷째가 제 언니를 이겨먹는 일이 자주 있고는 했었다. 하지만 형제들 간에 자라면서 흔히 있는 일이라고 여겨 크게 마음을 쓰지 않았다. 그런데 이렇게 직설적으로 불만을 토로하는 셋째를 보니 절대 가볍게 넘길 일이 아니라는 생각이 들었다.

그 이후로 난 셋째와 넷째의 노는 모습을 유심히 살폈다.

평소에는 셋째가 넷째를 주로 돌보고 아껴주는 편이었다. 글씨를 먼저 깨우쳤다고 동화책도 읽어주고, 소꿉놀이를 할 때는 셋째가 엄마노릇을, 막내가 아기노릇을 하면서 놀았다. 하지만 그 놀이의 모습에서 셋째의 고통이 고스란히 엿보였다. 함께 즐겁게 놀다가도 꼭 마지막에 가서는 셋째가 우는 것으로 놀이가 끝나기 때문이었다.

전에는 셋째가 울면서 내게 올 때마다 난 이렇게 말했었다.

"엄마가 아기 때문에 울면 어떻게 해? 엄마는 울지 않고 아기를 돌봐줘야 하는 거야."

그제야 나의 이런 말들이 소꿉놀이에서조차 셋째에게 더 많은 인내를 요구하고 있다는 것을 알았다. 그 이후로 내 반응이 달라졌다.

셋째가 울면서 오면 왜 울었는지 원인부터 파악했다. 그러다 보니 전에는 알지 못했던 것들 중 유일한 하나, 즉 셋째가 우는 원인은 대부분 넷째 때문이라는 것을 알았다.

잘 놀다가도 제 마음에 들지 않으면 넷째는 언니에게 소리를 지르거나 꼬집고 깨물었다. 더 나아가서는 장난감들을 전부 던지거나 흩뜨려놓기 일쑤였다. 그렇게 성격이 센 넷째에게 셋째는 제대로 대항도 하지 못한 채 늘 울면서 놀이를 마치는 것이었다.

그날 이후로 난 셋째가 울면 넷째까지 같이 불러서 야단을 쳤다. 언니를 괴롭힌 넷째를 호되게 야단치고, 동생에게 당하고 울며 달려오는 셋째도 같이 혼을 냈다. 동생을 제대로 다스리지 못했다는 이유였다. 처음에 넷째는, 제 언니가 그런 이유로 혼이 나는 것을 의아해했다.

그렇게 야단을 친 후에는 셋째와 넷째를 따로 불러 달래주기를 반복했다. 셋째에게는 동생이 잘못을 했을 때는 엄하게 다스리라고 알려주었고, 넷째에게는 언니에게 함부로 하지 않도록 지도했다. 몇 번 그렇게 반복을 했더니 나중에는 셋째가 우는 횟수보다 동생을 야단치고 지도하는 모습이 차츰 자리를 잡아가게 되었다. 그 이후로 두 아이의 노는 모습은 전혀 달라졌다.

형제간의 균형 맞추기

사실 첫째와 둘째 때도 이와 비슷한 일들이 있었다. 두 아이는 딸과 아들인데도 연년생이다 보니 둘째가 제 누나를 이기려고 하는 일들이 많았다. 그러면 한 살 위의 누나는 매일 울면서 내게 달려왔던 것이다. 그때 아이들 간의 질서를 잡아준 것이 남편이었다.

"한 살 차이가 난다고 해도 누나는 부모 다음이야. 감히 누나에게 대들거나 폭력을 쓰는 건 절대로 용납할 수 없다. 누나는 어디까지나 누나니까 존중해줘야 해."

늘 이런 말로 서열을 강조한 남편은, 또 첫째에게는 동생을 잘 살펴주는 동시에 엄하게 지도할 것을 지시했었다. 하지만 지금 생각해 보면, 둘째에게 하는 방법은 괜찮았던 반면 첫째에게 한 말은 별로였지 싶다. 그런 말들을 들으며 자란 첫째가 너무 맘이로

서의 의무감에 시달리지 않았나 싶기 때문이다.

나는 셋째에게 동생을 엄하게 다스리되, 너 또한 속상하면 울 수도 있다고 말해주었다. 동생 때문에 속상하거나 맞아서 아프면 울 수도 있다. 하지만 그럴 때면 언니로서 확실히 동생의 잘못을 지적해줄 필요가 있다. 그러니 우는 건 나중에, 잘못을 일깨워주는 건 먼저 하라고 알려주었더니 다행히 셋째가 잘 따라주었다.

그렇게 신경을 써서 두 아이를 지도했음에도 얼마 전에 셋째에게서 또 이런 말이 나왔다.

"엄마, 아빠가 엄마한테 애기 씨를 네 개를 줘서 언니, 오빠, 나, 막내가 태어난 것이 맞지? 근데 엄마, 아빠가 엄마한테 준 애기 씨 중에 하나가 이상해. 아빠가 준 씨는 다 좋은데 그중에 하나는 불량 애기 씨인가 봐. 그러니까 막내처럼 날 힘들게 하는 애가 태어났겠지?"

아직도 셋째는 넷째로 인해 곧잘 스트레스를 받는다. 하지만 그런 일련의 과정들이 모두 성장에 필요하기에 크게 터치하지 않는다. 형제들이 많다는 것이 때로는 불편하기도 하겠지만, 나중에 다 자라 어른이 되었을 때 그것이 얼마나 큰 축복이 되는지는 스스로 너무도 잘 깨우칠 것이기 때문이다.

엄마가 아이를 양육하는 데 있어 가장 큰 지배를 받는 것은 바로 자신의 어린 시절이라고 한다. 표면적으로 기억은 하지 못하겠지만, 내적 깊숙한 곳에서 움트고 있는 어릴 적 자아가 나도 모르게 아이들의 양육에 영향을 끼친다는 것이다.

우리가 흔히 하는 말 중에서, '엄마가 되기 위한 준비'라는 게 있다. 그것이 육체적으로도 해당하는 말이지만 정신적인 게 더 필요하지 않나 싶다.

내 어린 시절을 돌아보고 거기에 상처가 있다면 스스로 내적

치유를 해야만 하고, 행복했던 기억이 있다면 끄집어내어 내 아이에게 기꺼이 내어줄 수도 있어야 한다. 그리고 과감하게 기억 속의 아이였던 나는 버리고 현실의 내 아이를 있는 그대로 보아줄 수 있는 준비가 필요하다.

형제간에 불화가 큰 집의 경우, 두 아이 사이의 균형을 적절히 유지해야 하는 것이 무엇보다도 중요하다. 첫째에게 책임감은 지우지 않으면서 위신은 세워줘야 하는 것과 둘째에게 첫째를 우습게 여기지 않으면서도 의지하지 않도록 하는 것이 가장 힘이 든다. 그러면서도 또한 그것이 가장 중요하기에 많은 연습과 공부가 필요하다.

나 또한 오늘도 두 아이들의 노는 모습을 보면서 배우고 또 익히고 있다. 그것이 아이들을 키우면서 저절로 쌓이게 되는 연륜이 아닐까 싶다.

관심이 아이를 바꾼다

3장
관심

하지만 지나친 관심은 서로에게 상처를 줄 수도 있다

서서히 변하는 아이들

글로 표현하는 여러 가지 방법들

지역아동센터에서 내가 가르치는 것은 글쓰기인데, 보통 학교에서 수업시간에 하는 글짓기와는 약간 차별을 두고 지도했다.

초등학교 4~5학년만 가도 이미 틀에 박힌 기존의 교육을 받은 아이들의 글은 거의 기계로 찍어낸 것처럼 비슷하게 쓰는 경우가 많다. 하지만 어린 나이부터 자유롭게 글을 표현하도록 지도해주면 아이들은 확연히 다른 결과를 나타낸다.

내가 했던 방법 중 가장 효과를 본 것들을 나열하면 '가로세로 낱말퍼즐', '4×4×4 형식으로 글짓기', '말꼬리 이어가기', '노래 가사 바꾸기' 등이었다. 그중에서도 4×4×4 형식의 글짓기는 전혀 새로운 방법의 시도였는데, 4낱말로 된 4단락의 글자, 그리고 4줄의 문장 형식으로 글을 짓는 것이었다. 우리 전통 글쓰기 방식 중 '가사(歌辭)'의 형식을 빌린 것이었다. 글쓰기를 아주 싫어하는 3학년 한 남학생의 글짓기를 보면 재미있고도 그 창의적인 생각에

절로 미소를 짓게 된다.

> 제목: 선생님이 시키셨다
> 시를썼다 선생님이 시쓰라고 했습니다
> 정말정말 하기싫어 너무쓸게 없습니다
> 뭐쓸까나 뭐쓸까나 고민고민 하고있다
> 그런데도 쓸게없어 싫다는말 뿐입니다

이 아이 말고도 여러 가지 내용으로 글짓기를 한 아이들은, 스스로도 자신들의 마음을 솔직하게 표현할 수 있다는 것에 약간의 희열을 느낄 수 있었다고 한다. 싫으면 싫다고, 좋으면 좋다고 솔직하게 표현하라는 내 주문이 새로웠던 것이다.

또 말꼬리 이어가기라는 것은, "원숭이 엉덩이는 빨개, 빨가면 사과……." 하는 식으로 말의 뒤를 이어가는 글짓기였다. 이것 역시도 아이들의 마음을 훤히 읽을 수 있을 만큼 독창적이고 개성이 있는 글들이 많이 나왔다.

모든 아이가 똑같이 "원숭이 엉덩이는 빨개"부터 시작했는데 그 끝을 자신들이 다니는 지역아동센터로 마친 아이가 있고, 캄캄한 동굴, 재밌는 만화, 행복한 나, 시끄럽고 냄새나는 것으로 끝낸 아이들도 있다. 그 중간의 내용들을 보면 그 아이들의 마음에 뭐가 들어있는지 훤히 보인다.

이밖에도 내가 했던 방법들은 '서로를 칭찬해주기', '표정아이콘' 몇 개를 그려놓고 그 표정들에게 편지를 쓰기, '10년 후의 나의 일기' 등이다. 모두 반응들이 괜찮았다. 아이들도 새로운 방법의 글짓기에 대해 즐거워하고 잘 따라했다. 그러는 사이 처음에 글을 한 줄도 제대로 쓰지 못하던 아이들이 어느새 A4용지 반장

이상을 써나가고 있었다.

　그 많은 수업들 중에서 가장 인기가 좋았던 것은 고학년들을 대상으로 했던 욕하기였다. 본인이 아는 온갖 욕을 맘껏 써보라고 시켰더니 A4용지로 한 장이 모자랄 정도였다. 물론 말뜻도 같고 단어도 거의 비슷한 욕들이 대부분이었지만, 아이들은 그렇게 거리낌 없이 종이에 욕을 써냄으로써 스트레스가 풀렸던 모양이었다.

　그러나 이 수업 이후 학부모로부터 항의가 들어왔다. 어떻게 지역아동센터에서 아이들에게 욕을 가르칠 수 있냐는 것이다. 나는 욕을 가르친 것이 아니라 욕의 어원을 알려주고 주의를 준 것이라고 설명했다. 사실 욕의 어원을 알면 대부분의 사람들은 그 욕을 잘 하지 않게 된다. 아이들에게도 똑같은 방법을 사용했더니 과연 욕을 사용하는 빈도가 줄어들었다.

아이들 스스로 표현하도록 만들어라

　내가 아이들에게 바란 것은, 틀에 박힌 수업 지도를 따르기만을 원한 것이 아니었다. 자유롭게 자신의 의견을 말하고 표현하는 것들을 찾다 보니 앞서 언급한 여러 방법들을 선택하여 행하게 되었던 것이다. 아이들은 처음의 서먹함에서 벗어나면서 차츰 내 수업에 익숙해지기 시작했고, 나중에는 제 스스로 퍼즐문제를 만들기까지 할 정도로 발전했다.

　언젠가 약 한 달에 걸쳐서 남자팀과 여자팀으로 나누어 서로 퍼즐문제를 내주기로 했는데, 처음에는 가로와 세로 10×10의 칸도 채우기 힘들어하더니 나중에는 15×20의 칸을 꽉 채워 문제를 만들 정도로 많은 단어를 쓸 줄도 알게 되었다. 물론 문제를 내는 과정에서 필수로 국어사전을 찾아보도록 해서 학습효과를 높이기도 했다.

내가 나열한 이런 방법들은 꼭 아이들을 가르치는 일을 하는 사람이 아니더라도 누구나 시도해볼 수 있는 일이 아닐까 싶다. 집에서 아이들과 함께 책을 읽으며 그 내용을 이런 식으로 해보자고 할 수도 있고, 또 시간이 되는 엄마들은 가로세로 낱말퍼즐도 만들어 아이들이 직접 국어사전을 찾아가며 보다 많은 단어를 접할 수 있는 기회를 만들어줘도 좋을 것 같다.

무엇보다도 중요한 것은, 이런 글쓰기는 억지로 하게 해서는 안 된다는 것이다. 자기 스스로 자신의 마음을 표현해내게 하는 것이 가장 필요하고, 또한 그 주제가 보편적이면서도 아이들 스스로 생각을 할 수 있는 것이라야만 한다. 아이들이 공부를 대하는 마음가짐, 주변 친구들과의 교유관계, 가정형편이나 가족관계 등도 이런 짤막한 글들을 통해 모두 드러나기 때문이다.

이와 같은 수업을 반년 이상 지속했더니, 처음에는 단 한 줄의 글짓기도 못하던 아이들이 이제는 어떤 주제를 내주더라도 몇 줄씩 거뜬히 써내고 있었다. 지역아동센터에 오는 아이들 중에서는 우울하고 가난한 가정환경을 가진 아이들이 제법 되었는데 그 아이들의 표정이 조금씩 달라지는 것을 보면 미래가 전혀 불행하리만은 않으리라는 확신이 있다. 나 혼자만의 힘으로는 절대 불가능하겠지만, 주변의 어른들이 조금씩만 더 관심을 가져준다면 우리나라의 모든 아이들이 조금은 다른 미래를 가질 수 있지 않을까. 종이에 물이 스며들듯 천천히 그렇게…….

변하지 않는 아이는 없다. 구제불능인 아이는 더더욱 없다. 모든 아이들은 무한한 가능성을 가지고 있기 때문에 상황과 주어진 여건만 달라진다면, 즉 주변의 어른들이 조금만 관심을 가져준다면 충분히 긍정적으로 변할 수 있다.

　나 한 사람의 노력이 비록 지금은 작은 곳에서 머물겠지만, 그 아이들 가운데 적어도 한 아이만이라도 미래에 대해 긍정적으로 변할 수 있는 계기를 줄 수 있다면 나는 그 자체만으로도 큰 보람을 느낄 수 있을 것이다. 실제로 그런 변화를 겪은 아이의 이야기는 뒤에서 자세히 다루도록 한다.

소아불안척도(SAIC) 위험

아이의 상태를 정확히 알아야 한다

'<학생들의 정신건강문제 조기발견, 예방을 위한 정신건강검사> 결과 안내'라는 긴 제목의 안내장이 초등학교 1학년 말, 셋째의 학교에서 날아왔다. 내용인 즉, 우리 셋째에게 심각한 문제가 있으니 전문적인 기관에서 실시하는 심리평가와 상담이 필요하다는 것이었다.

셋째가 소심하고 소극적이어서 평소 표현을 잘 하지 않는 것은 알고 있었지만, 아니 사실 지난해에 이 검사를 한다고 안내장이 왔을 때 어느 정도는 예상하고 있었지만 막상 안내장을 받으니 무척 심란했다.

셋째가 처음 학교에 입학했던 때만 해도 많은 기대와 희망이 있었다. 위의 두 아이가 무사히 그 과정들을 지나쳤기에 별로 걱정은 되지 않았다. 이미 겪어본 경험들이라 너무 안이하게 생각했는지도 모른다. 하지만 아이는 내 생각처럼 따라와 주지 못했다.

그런대로 학교생활은 잘 적응하나 싶었는데 집에 오면 말수도 별로 없고 늘 우울한 표정에 도통 엄마인 나에게서 떨어지려고 하지 않았다. 평소에 아이들을 관심 있게 지켜보고는 하던 나였기에 셋째에게 뭔가 문제가 있다는 걸 감지하고는 바로 원인파악에 들어갔다.

가만히 생각해보니 4살 되던 해에 넷째인 동생이 태어나면서 일찍 어린이집에 떼어놓은 것이 문제의 시작이 아니었나 싶다. 위의 언니, 오빠와 달리 소심하고 조용한 성격이었던 셋째는 늘 내 뒤를 그림자처럼 따라다니는 아이였다. 그런 아이를 어느 날 갑자기 낯선 환경에 데려다놓고 하루 종일 놀게 했으니 아이에게는 큰 충격이었으리라.

게다가 설상가상이라고, 그 이듬해에 치매에 걸린 할머니가 우리 집으로 오면서 아이의 고통은 더욱 커지기만 했었다는 생각이 들었다.

학교에 들어오기 전까지 4년을 다녔던 어린이집과 유치원 선생님들, 그리고 당시까지 두어 달을 지켜봤던 담임선생님, 막 입학한 지역아동센터 선생님들의 말을 종합해서 아이의 상태를 확인할 수 있었다. 셋째가 무조건 참기만 하고 표현도 하지 않는데다 방어기질이 전혀 없다는 결론에 도달한 것이다. 그것이 과연 무엇을 뜻하는 것일까?

우울증으로 인해 치매증상까지 보이는 할머니는 셋째를 유난히 예뻐하셨다. 이 아이가 태어나자마자 당신이 손수 기저귀 갈면서 키운 정도 있었을 것이다. 또 여기저기 아프면서 제대로 일을 하지 못해 시간이 남아돌 때쯤 태어난 손녀딸이라 더욱 예쁘셨을 것이다. 그런데 아이는 이미 오래전부터 할머니를 경계하고 있었다.

어릴 적부터 봐온 엄마와 할머니의 관계. 지독하다는 표현조차도 할 수 없을 정도로 괴롭힘을 당하던 엄마를 보면서 아이는 할머니를 적으로 간주했던 것 같다. 엄마를 힘들게 하기만 하는 할머니는 자신을 사랑해주는 자상한 할머니가 아니라, 자신이 제일 사랑하는 엄마를 괴롭히기만 하는 상대였다. 그런데 그런 할머니가 우울증에다 초기치매까지 안고 다시 왔으니 그 자체로도 아이는 굉장히 힘들었으리라.

할머니가 셋째를 가까이하고 싶어서 다가오면 셋째는 저 멀리로 피하고 말았다. 당시에 5살이었는데도 어찌나 그 감정이 확연하게 드러나던지 내가 다 민망할 정도였다.

당연히 할머니는 그런 셋째를 보며 엄마인 나를 탓했다. 내가 아이에게 뭐가 속닥거려서 그런다는 것이다. 시어머는 말을 거칠게 하는 분이었다. 어린 아이가 듣기에도 이상하다 싶을 정도의 지독한 욕설을 섞어가며 나를 다그쳤다. 그럴수록 셋째는 더욱 할머니를 피하기만 했다. 그러자 할머니는 나에게 하던 공격을 바로 셋째에게 돌려서 하기 시작했다.

"네까짓 게 내가 없으면 어디서 태어나? 내가 네 할머니다. 네 아비를 낳은 할미란 말이야. 그런 것이 어디서 태어났다고 날 이렇게 무시해? 이 망할 것 같으니라고."

"네 어미가 그렇게 하라고 시키대? 어디서 버르장머리 없이 굴어? 에미년이나 딸년이나 똑같은 것들이……."

차마 지면에는 다 적을 수 없지만 할머니는 다섯 살 아이를 향해 이보다 더 심한 말들을 서슴없이 내뱉고는 하셨다. 아이가 이 말들을 이해하기에는 어렸지만 자신을 향해 내뱉어진 말의 가시는 고스란히 느꼈던 모양이었다. 그 이후 셋째는 고스란히 그 상처들을 안으로만 숨겼다. 그간의 경험을 통해서 할머니에게 대들면 바로 엄마가 힘들어진다는 것을 알았던 것이다. 타고나기를 소심한 성격인데다 경험하지 않았어야 할 상처까지 끌어안은 아이는 그날 이후로 더욱 자신의 감정들을 감추고 드러내지 않았다.

그 당시에는 나도 시어머니에게 시달리는 것에 지쳐서 아이의 상태를 제대로 체크하지 못했었다. 그러다가 이렇게 문제가 불거지고 나서야 그때를 그냥 지나친 것이 너무도 후회가 되었다. 탈이 나기 전에 방어를 하는 것은 쉬우나 탈이 난 후에 고치는 것은 몇 배로 힘이 든 법이었다. 더욱 그렇게 탈이 난 상태로 몇 년을 방치해서 몇 배로 커진 경우에는 더욱 더 그러하다.

아이가 정신적으로 지치다 못해 불안증에 걸리기까지는 불과 한 달이나 두 달, 아니 그보다 훨씬 적은 기간밖에 걸리지 않을 수도 있지만, 그 병을 낫게 해주기 위한 치료과정은 1년이 걸릴지 10년이 걸릴지 알 수 없다.

학교에 입학한 지 두어 달도 되지 않아 셋째는 지역아동센터도 더 이상 갈 수 없었고, 아침에 깨워서 학교에 보내는 것조차 힘이 들었다. 방과 후에는 아예 내 곁에 바짝 붙어 떨어지지도 않을 정도로 심각한 상태가 되었다. 그것이 분리불안의 시작이었다.

그 중요한 원인 중 하나는 할머니로 인해 가족들 모두 힘들었을 그 당시에 내가 셋째에게 확신한 믿음을 주지 못했던 탓도 있었던 것이다. 굳이 핑계를 대자면 막 돌이 지났던 젖먹이 막내를 비롯한 네 명의 아이들의 육아, 살림, 치매노인 돌보기에다 돈벌이까지 해야 했던 내가 그만큼 지치기도 했던 것이다.

본격적인 치료에 들어가다

나는 아이의 상태를 치료하기 위해 최선을 다하기로 했다. 전문적인 기관에 찾아가서 상담도 하고 치료도 받아야 하지만 우선은 내가 할 수 있는 범위 내에서 최선을 다해보기로 했다.

우선은 학교가 집과 가까웠지만 매일 아침마다 데려다주고 데리고 오는 것을 반복했다. 입학 초기에는 많은 엄마들이 그렇게 하다가 두어 달 지나면 교문 앞에 오는 엄마들의 수는 부쩍 줄어든다. 아이들 스스로 엄마가 오는 것을 거부하기도 하고, 바로 학원으로 가는 아이들은 학원에서 차가 오기 때문에 엄마들이 나올 필요도 없었다. 하지만 나는 그 일을 1학년이 다 끝날 때까지 반복했다.

셋째가 학교에서 돌아오면 함께 점심을 먹고는 꼭 뭔가를 했다. 물론 그때도 집에서 일을 했지만 아이가 집에 돌아오기 전에 모든 일을 끝내고 오후 시간은 오로지 아이를 위해 스케줄을 비워 두었다. 바로 밑의 동생인 넷째는 셋째와 3살 터울로, 어린이집에 맡겨서 저녁때나 집에 돌아왔기에 셋째와 함께 할 수 있는 시간이 많았다.

특히 셋째와는 사람들이 많은 곳들을 골려다녔다. 시내에 있는 큰 재래시장에 나가서 많은 사람들과 부딪치고 소란을 직접 경험하게 했다. 질서를 지켜야 하는 공공장소도 많이 가서 그 질서 속에 스며들게 했다. 때론 단둘이 식당에 가거나 영화를 보거나 쇼핑을 하거나, 어떻게든 아이와 보낼 수 있는 시간을 많이 만들었다. 물론 그 모든 일들은 셋째와 나만의 비밀로 간직하자고 했다. 둘만의 데이트를 하면서 아이는 엄마와 저만의 공감대가 생겼다는 그 자체만으로도 굉장히 행복해했다.

동시에 내가 선택한 방법은 독서와 그림 그리기였다. 셋째를 데리고 구립도서관에 가서 책도 많이 읽었고, 덥거나 비가 오는 날에는 가까운 학교도서관에 가기도 했다. 물론 집에도 책이 많았지만 일부러 사람들 속에 섞이고 그 안에서 지켜야 할 것들을 가르치기 위해서였다. 또 아무 종이나 주고 내키는 대로 그림도 그리고 색칠도 하게 했다. 심지어는 방과 거실 벽이 전부 도화지가 되기도 했다. 그리고 그 이후에는 반드시, 책을 읽거나 그림을 그린 것을 가지고 대화를 나누었다.

그 덕분인지 아이가 서서히 변화되기 시작했다. 감정을 잘 드러내지 않던 아이가 기쁘거나 슬프거나 한 일을 곧잘 표현해내기 시작했다. 그 전까지는 울더라도 소리 내지 않고 혼자 구석에서 울다가 눈물을 다 닦은 후에 나타나고는 했던 아이가, 이제는 내 앞에서도 울기 시작했다. 아니, 나중에는 나에게 안겨서 울었.

기쁠 때도 마찬가지였다. 전이었다면 기쁜 일이 있더라도 드러내놓고 기뻐하지 못하던 아이였다. 그런데 이제는 쾌활한 웃음소리를 동반하며 기뻐하기도 했다. 처음 아이가 깔깔거리고 웃는 소리를 들었을 때, 그 작은 변화마저 내게 얼마나 큰 기쁨으로 다가왔는지 모른다.

그렇게 변화가 일어나는 셋째를 보면서 그 다음으로는 아이와 잠깐씩 떨어지는 연습을 하기 시작했다. 전에는 엄마가 화장실을 가도 반드시 들어가는 것까지 확인해야 했던 아이였지만 서서히 변화가 오기 시작했다. 제일 처음 화장실부터 시작해서 집 앞 슈퍼, 야채가게, 은행까지 서서히 시간과 범위를 넓혀나갔다. 처음에는 단 5분도 혼자 있지 못하던 아이가 점차 혼자서 있는 시간이 늘어갔다. 1학년 말, 겨울방학이 다가올 때쯤에는 한 시간을 혼자 있으면서도 울거나 불안해하지 않을 정도가 되었다.

그걸 확인한 내가 마지막으로 행한 방법은 아이 스스로 뭔가를 선택하고 책임지게 하는 방법이었다. 초등학교 1학년인 그때까지도 혼자서 세수도, 양치질도 하지 못했고 하나부터 열까지 전부 물어봐야만 행동할 수 있을 정도로 스스로는 아무것도 하지 못하던 아이였다. 그래서 아이에게 하나씩 책임감을 떠넘기기 시작했다.

돈을 주어 마트에 가서 먹고 싶은 것을 자기 스스로 고르게 했고, 식사 때마다 가족들 수저 놓는 것을 시켰다. 매주 수요일마다 용돈 1000원씩을 주어 자기 스스로 은행에 가서 저금을 하게 했다. 그리고 필요한 일이 있으면 엄마가 함께 은행에 가서 인출하는 법을 알려줄 테니까 말을 하라고 했다.

그렇게 꾸준히 여러 가지 방법들을 병행하면서 1년이 넘게 아이를 지도한 결과, 2학년 여름방학쯤이 되어서는 스스로 머리도 감고 샤워도 할 정도까지 발전했다. 물론 내가 씻겨주는 것보다는 덜 깨끗하겠지만 아이 스스로 자신의 일을 알아서 하는 것을 보는 내 기쁨은 이루 말로 할 수 없을 정도였다.

어쩌면 우리 셋째처럼 이렇게 마음이 아픈 아이가 주변에 많을지도 모른다. 그런 아픈 마음들이 과격한 행동으로 나타날 수도 있고, 우울증으로 나타나 말수가 없이 자신의 안으로 숨어들 수도 있고, 무기력증으로 나타날 수도 있다.

우리가 흔히 알고 있는 것처럼 순하고 착하다고 다 좋은 것만은 아니라는 걸 나는 셋째의 경우를 통해 알게 되었다. 조용하고 존재감이 없는 아이가 오히려 폭력적인 아이보다 더 위험한 상태일 수도 있다는 말이다.

항상 내 아이에게, 또 내 주변의 아이에게 한 번의 관심을 더 가져주는 것이, 내 아이의 미래를 바꿀 수 있는 기회가 되는 것이다.

치료곡선

1학년이 끝난 후 심리치료센터에서 연락이 왔다. 그해부터 정부에서는 '아동심리치료 바우처' 제도를 도입하였고 다행히 우리는 그 대상에 해당되었다. 참여정부에서부터 시행되었던 아동복지정책이 점점 더 영역을 넓혀서 정부 지원금으로 심리치료까지 받을 수 있게 된 것이었다. 셋째는 여성복지관에서 실시하는 미술심리치료를 받을 수 있었다.

처음에는 낯설어하던 아이는 10회의 미술심리치료가 끝날 때가 되었을 때는 치료가 끝나는 것을 아쉬워할 정도로 좋아했다. 나와 남편은 사비로 치료를 이어가기로 했다. 정부지원금은 10회만 지원되기에 그 이후에 치료를 이어가려면 모두 사비를 써야 했다. 심리치료는 의료보험 혜택도 받을 수 없어서 비용부담이 되었으나 치료의 효과를 위해서는 이미 라포형성이 된 선생님과의 치료를 계속 이어가야 했다.

모든 질병의 치료과정이 그러하듯 심리치료를 시작한 이후에도 처음에는 상당히 호전된 결과를 보인다. 질병에 항생제를 써서 단기적으로 치료 효과를 보이는 것처럼, 심리치료 역시 처음에는 꽤나 달라진 아이의 모습이 관찰된다. 대부분의 부모는 그런 아이의 변화를 보며 아이의 상태가 좋아졌다고 지레짐작하게 된다. 또 그로 인해 아이의 병이 많이 나아져서 더는 치료하지 않아도 된다고 생각할 수도 있다.

하지만 심리치료 역시 다른 질병의 치료곡선과 같은 곡선을 그리게 된다는 것을 명심해야 한다. 처음에는 정말 높은 수치로 호전을 보이다가도 어떤 계기가 있거나 장애물을 만나게 되면 치료하기 전의 상태로 돌아온다. 아니 오히려 치료를 시작하기 전보다 더 나빠지기도 한다. 그러면 부모들은 당황하게 되는데, 심리치료를 해봤자 나아지는 것이 없다며 아예 치료를 중단하게 된다.

우리 셋째도 그러한 치료곡선을 그렸다. 처음에 좋아진 듯 보였던 상태가 3학년 때 만났던 담임선생으로 인해 다시 나빠진 것이다. 아이가 대답도 잘 하지 않고 느리다는 이유로 담임선생으로부터 꽤나 구박을 받았다. 아이가 앉아있는 책상을 발로 차기도 하고 아이를 향해 분필을 집어던지기도 하고 '멍청이'라거나 '또라이'라는 말을 내뱉기도 했다. 물론 우리 아이한테만 그런 것이 아니라 그 반에 있는 대부분의 아이들에게 그렇게 행동했다.

이러한 일들로 학부모들이 몇 번 민원을 넣고 항의도 해보았으나 담임은 바뀌지 않았다. 오히려 은퇴가 얼마 남지 않았다며 할 테면 해보라는 식이었다. 담임이 이런 식으로 나오니 그 밑에서 배우는 아이들은 모두 불안할 수밖에 없었다.

참다 못한 학부모 중 일부는 아이를 다른 학교로 전학시키기도 했지만 나는 그대로 두었다. 그러면서 내 아이를 안정시켜주는 것에 집중했다.

아이를 둘러싼 모두의 노력 덕분에 셋째는 조금씩 안정을 찾아가기 시작했다. 그렇게 몇 번의 치료곡선을 오르내리며 셋째의 심리치료는 이후 3년 동안 계속되었다.

치료의 지속과 중단

심리적인 면역력 키우기

심리치료 역시 지속과 중단의 지점이 중요하다. 치료가 계속되어야 한다고 판단하는 것도, 중단해도 되겠다고 판단하는 것도 전문가와 신중히 상의해서 결정해야 한다. 치료가 더는 필요하지 않다고 판단이 되면 과감히 중단할 수 있어야 한다. 심리치료도 계속 이어가다 보면 모든 것을 그것에 의존할 수도 있기 때문이다.

셋째는 초등학교 5학년이 되자 심리치료를 중단했다. 심리치료사와 부모, 셋째 본인의 의지가 모두 반영된 결론이었다. 물론 셋째는 지금까지도 그때의 심리치료사 선생과 연락을 이어가고 있다. 이제는 어엿한 성인이 되어 동반자로서 인연을 이어가는 것이다.

치료하는 과정에서, 또 치료가 끝난 후에도 몇 번 위험한 순간이 있었다. 하지만 그런 것은 자라는 과정에서 흔히 겪게 되는 지극히 자연스러운 감정의 변화라서 크게 걱정하지 않았다. 아이가 우울하거나 가라앉는 반응을 보일 때마다 심리적인 것과 연관시키며 예민하게 굴면 오히려 치료효과는 떨어진다. 아이들은 늘 다양하게 변화하기 때문이다.

그렇게 무럭무럭 자라면서 셋째는 점점 변화를 보이기 시작했다. 그 어떤 것도 해낼 수 없을 것만 같았던, 너무 느린 데다가 의지조차 없어서 걱정을 했던 아이가 아니었다. 스스로의 틀을 깨고 나오자 놀랄 만큼의 변화가 일어났다. 주변에 친구가 많아지기 시작한 것이다. 친구와의 관계가 회복되니 성적도 향상했다. 잘하는 것에 대해 욕심도 생겼다. 하나씩 둘씩 의지가 살아나고 있었다.

특히 놀라운 변화는 유치원 때 숟가락으로 머리를 때리며 괴롭혔던 친구와의 관계를 회복했다는 것이었다. 성장과정에서 어떤 일들이 있었는지 알 수 없었지만 우리 셋째는 밝아지고 쾌활해진 반면 유치원 때 괴롭혔던 그 친구는 우울하고 의기소침해 있었다. 고학년이 되어 그 아이와 같이 반이 되자 셋째가 먼저 다가가 손을 내밀었다고 했다.

심리치료를 발판으로 삼아 자신의 틀을 깨고 나온 셋째는 그렇게 하나씩 자신을 성장시키기 시작했다.

친구의 마음을 치료하다

초등학교 6학년이 되었을 때 학교에서는 '또래멘토'라는 제도를 도입했다. 셋째는 자신이 해보겠다며 선뜻 지원을 한다. 첫 시행이었던 만큼 많은 활동을 하지는 않았으나 아이는 그 활동을 통해 자신감을 회복한 듯하다. 중학교에 들어가서도 '또래멘토' 제도에 참여하겠다며 지원을 했고 열심히 해나갔다.

중학교 2학년이었던 3월 어느 날, 등교를 하려는 셋째가 소독약이며 탈지면, 면봉, 연고 등을 챙겨서 가방에 담기 시작했다. 나는 놀라서 아이를 불러세웠다.

"우리 반에 전학온 애가 있는데 그 애 때문에 가져가는 거야."

"그 애는 왜?"

"사실은 그 애가 자기 팔을 칼로 긁어서 상처가 깊어."

"학교 보건실 가면 되잖아. 왜 네가 약을 챙겨가?"

"보건실 갔었는데, 보건선생님이 약 발라주면서 자꾸 잔소리를 하잖아. 왜 스스로 팔에 상처를 냈냐고 자꾸 뭐라고 해서 얘가 보건실에 안 간대."

그렇게 말하고는 이것저것 약들을 챙겨 나갔다. 그날 오전, 셋째는 그 친구를 데리고 학교 뒤편의 한적한 곳으로 가서 상처에 약을 발라줬다고 한다. 그러면서 자신도 어렸을 때 심리치료를 받았던 것이며, 그 결과 어떤 것이 좋았는지, 방법은 무엇인지 등을 자세히 알려줬다고 했다.

자신의 팔에 무수히 많은 상처를 냈던 셋째의 친구는 부모의 이혼으로 인해 방황을 하는 중이라고 했다. 전에 있던 학교에서도 적응을 하지 못하고 자꾸만 자해를 해서 이러저러한 이유로 전학을 온 것이라고. 새로 전학온 학교에서도 적응을 하지 못하다가 우리 셋째를 만난 것이다.

"난 네가 자꾸만 네 몸에 상처내는 거 하지 않았으면 좋겠어. 지금은 긴팔을 입어서 가릴 수 있지만 곧 반팔 입으면 이 흉터들이 다 드러날 거잖아. 네 몸에 상처내지 말고 그냥 밖으로 토해내. 누구한테라도 말하고."

셋째는 제법 경험자(?)답게 조언을 했단다. 보건선생의 잔소리보다, 부모의 간섭이나 잔소리보다 친구의 애정어린 조언이 효과가 있었는지 그 친구는 그 다음부터 자신의 몸에 상처내는 것을 멈추었다.

이후 2년의 시간이 흐른 후 중학교를 졸업할 때 그 친구를 직접 만날 수 있었다. 나는 셋째의 친구를 처음 본 것이지만 친구의 엄마는 우리 셋째를 몇 번 봤다고 한다. 졸업식 날, 셋째 친구의 엄마가 우리 아이를 꼭 안고는 엉엉 울었다. 셋째 덕분에 자신의 아이가 무사히 중학교 졸업을 할 수 있었다며 정말 고맙다고 한다.

셋째는 자신의 마음을 치유한 후 제 주변의 아이들을 그렇게 돌아볼 줄 알게 되었다. 그 친구를 무사히 졸업까지 이끈 공으로, 셋째는 졸업식 날 학교로부터 공로상장을 받았다.

한꺼번에 전교 150등의 성적을 올리다

동기부여

첫째는 고등학교 때 공부를 잘해서 늘 전교 석차의 상위권을 차지했다. 하지만 사실 중학교 1학년까지의 성적은 형편없었다. 꼴찌는 아니었지만 중위권 이하, 심할 때는 하위권 가까이 맴돌고 있어서 공부에는 큰 기대를 걸지 않을 정도였다.

원래 내가 아이들에게 공부하라는 말을 잘 하지 않는 편이라 그런 것도 있겠지만 우리 아이들은 학원이니 학습지니 그런 것과는 거리가 먼 생활을 했었다. 어찌 보면 일종의 방목이라고 해도 될 듯하다. 내 교육철학이 '건강하게 잘 자라고 인간관계만 잘 되면 최고'라고 생각했던 것이다. 공부는 하고 싶을 때가 되면 알아서 할 것이라는 생각을 가지고 있어서 그다지 강요하지 않았다.

그렇게 우리 집 아이들은 다른 아이들처럼 공부의 스트레스를 받지 않고 자랐다. 그래서인지 공부와는 별로 친하지 않던 첫째가 갑자기 전교 150등의 성적을 단번에 올리는 기염을 토해낸 것은 중학교 2학년 2학기의 중간고사 때였다.

초등학교에 다닐 때에도 나는 주로 책을 많이 읽혔고 아이가 공부를 하다가 궁금해 하는 것만 조금씩 가르쳐주는 정도로 학습을 시키는 편이었다. 그러다가 중학교 2학년 1학기, 국어 수업시간에 선생님이 '10년 후의 내가 되어'라는 주제로 글을 쓰라고 하셨단다.

첫째는 그 주제로 글을 쓸 준비를 하다가 갑자기 뒤통수를 세게 얻어맞은 듯 충격을 받았다고 했다. 10년 후의 자신의 모습을 상상했는데 너무도 비참하다는 것이다. 이렇게 노력도 않고 학창시절을 보냈다가는 어떤 미래가 기다리고 있을지 너무도 뻔했기에 두려웠다고 했다. 그리고 첫째는 그날부터 공부에 대해 관심을 가지기 시작했다.

이것이 동기부여가 되었다. 공부를 잘하게 되는 방법에는 여러 가지가 있는데 그중 가장 중요한 것이 바로 동기부여이다. 흔히 계기가 필요하다고 하는데, 그 계기를 만들어주는 것이 생각만큼 쉽지가 않다.

그런 면에서 난 첫째에게 그런 계기를 만들어 동기부여를 확실하게 해준 중학교 국어선생님에게 경의를 표하고 싶다. 선생님은 거기까지 생각하지 못했을 수도 있지만, 그 많은 아이들 중 우리 첫째 하나만은 확실히 미래가 달라졌으니까.

부모와 함께 공부하기

갑자기 공부에 대해 관심을 가지게 된 첫째는 그날부터 국영수를 비롯하여 주요과목 파고들기에 집중한다. 하지만 막상 공부를 하려니 준비된 것이 없었다. 그동안 너무 놀기만 하고 아예 공부와는 거리를 뒀기 때문이었다.

그때 방향제시를 해준 것이 나와 남편이었다. 남편은 학창시절 수학을 꽤 잘했고, 난 영어를 곧잘 했다. 물론 우리가 배울 때는 지금처럼 수준이 높지도 않았고, 또 특히 영어는 회화보다는 문법위주였지만 중학생 수준은 충분히 가르칠 만하다고 여겼다. 그래서 우리 부부가 팔을 걷어붙이고 나섰다. 첫째의 전담 과외선생님을 자청했던 것이다.

우리는 여기서 또 한 가지 문제에 봉착했다. 과외에 필요한 교재에 대한 정보가 너무 없었던 것이다. 당시 우리 집안 형편도 어려웠지만 정보가 넘쳐나는 지금과는 다른 시대였던 것이다. 어떻게 정보를 얻고 가르쳐야 하나 고민하고 있던 차에, 공부가 너무 하고 싶었던 첫째는 담당과목 선생님을 찾아가기에 이른다.

국어와 영어, 수학, 과학 등 주요과목 선생님들을 두루 찾아다니며 선생님들에게 있는 문제집이나 참고서를 달라고 떼를 썼다. 그러자 선생님들은 공부를 하려고 하는 첫째가 기특하다며 선뜻 교재들을 챙겨주셨다. 그것들을 가지고 첫째는 2학년 여름방학 내내 공부만 하며 지냈다.

공부는 결과가 바로 나타나지 않는, 기다림의 시간이 필요한 대표적인 케이스다. 아이의 마음을 치유하고 성격을 바꾸기까지도 오랜 시간의 기다림을 필요로 하듯, 공부 또한 마찬가지였다.

하루나 이틀, 또는 일주일이나 한 달 공부해서 반짝 성적이 오르기를 기대하는 것은 미련한 짓이다. 아이들의 공부를 독려해주고 위로해주고 그 옆에서 함께 노력해줌으로서 아이들의 성적은 차츰 상승곡선을 그리게 된다. 첫째의 공부를 돕로 자청한 나 역시 가르치기 위해 더욱 열심히 공부를 했다. 또한 공부하는 부모의 모습을 보이기 위해 늘 책을 읽고 책상에 앉아 뭔가를 했다.

지금의 부모들이 가장 우를 범하는 것 중 하나가, 자신은 그 무엇도 노력하지 않으면서 아이에게는 공부하라고 하는 것이다. 나는 몸소 아이의 눈앞에서 공부하는 모습을 보였다. 아이의 영어를 가르치기 위해서는 내가 더 많이 알아야 했기 때문에 공부를 했고, 필요하다면 책도 읽고 인터넷 과외도 이용할 정도로 열심이었다. 즉, 공부는 아이 혼자가 아니라 부모가 함께 하는 것이었다.

스스로 공부하기

몇 달의 시간이 흐른 후, 드디어 노력의 첫 결실이 나타났다. 2학년 2학기 중간고사에서 첫째가 괄목할 만한 성적으로 모두를 놀라게 한 것이었다.

한 학년 전체 300명이 넘는 인원 중에서 200등 이하의 성적을 유지하던 아이가 갑자기 전교 석차에서 150등이 올랐다. 아이 스스로도 너무 놀라고 신기해서 성적표를 몇 번이나 다시 볼 정도였으니, 그때의 기쁨은 이루 말로 할 수 없었다.

자신의 노력으로 이렇게 성적이 올라가자 첫째는 더욱 공부에 재미를 붙이게 되었다. 아이를 믿고 교재를 주었던 선생님들도 기뻐하셨다. 그 이후로 첫째는 아예 공부와 친구가 되었다.

공부에 재미를 붙인 첫째의 성적이 점점 올라가자 이제는 남편과 나도 한계에 다다르게 되었다. 우리의 실력으로는 도저히 아이를 가르칠 수 없게 되었던 것이다. 그러자 첫째는 담당과목 선생님들을 찾아다니며 모르는 문제를 해결하기 시작했다.

당시 어려움을 겪던 우리 집 사정이 교재를 사줄 형편도 되지 못했으니 학습지 하나를 시켜줄 수도, 학원 하나를 끊어줄 수도 없었던 것이다. 가정 사정을 잘 아는 첫째는 그렇게 자신의 욕구를 스스로 찾아서 해결해가고 있었다.

공부를 하려는 아이들에게는 반드시 필요한 것이 용기이다. 공부를 하려고 굳은 다짐을 했다면, 그에 따르는 용기로 스스로 문제를 해결하는 법도 익혀야 한다. 모르는 문제가 있을 때에는 과감하게 선생님을 찾아가 물어보기도 했고 교재나 학습지가 필요한 것은 담당과목 선생님들을 찾아가 도와달라고도 했다. 우리 첫째에게는 이런 모든 일을 할 수 있는 용기가 있었다.

그 결과 중학교를 졸업할 당시에는 전교 10% 안에 드는 성적을 유지할 수 있었다. 지인의 추천으로 한 단체로부터 장학금도 받았다. 그렇게 꾸준히 성적이 향상되어 고등학교 2학년 때는 이과에서도 상위 5% 안에 드는 성적을 유지할 수 있었다.

중학교 2학년 국어수업시간의 그 주제 하나가 아이를 이렇게까지 바꿔놓은 것이다. 물론 공부를 하겠다는 생각이 들었던 것이나, 또 공부를 하기 위해 자기 스스로 노력한 점도 높이 사야겠지만 가장 우선되었던 것은 역시 동기부여였다. 스스로 생각하고 뭔가를 하겠다는 욕심을 가지게 했던 동기부여. 아이들을 가르치는 입장인 나도 이 동기부여에 대해 큰 깨달음과 가능성을 배웠던 일화였다.

지금까지의 내용을 잘못 이해하면, 혹 학원을 보내지 말라는 말인가? 생각할 수도 있다. 물론 아니다. 아이가 필요로 한다면 분명히 학원 학습은 필요하다. 다만 나는 당시에 우리 가정이 처했던 현실이 학원을 보낼 수 없었기에 이런 방법을 선택한 것이었다. 또 그 방법을 아이가 잘 따라주어 좋은 결과를 내었기에 가능한 것이었다.

아이가 혼자 공부하다가 벅차서 도저히 감당할 수 없는 지경이 되면 학원이든 과외든, 그것조차 여의치 않으면 선생님을 따로 찾아서라도 도움을 받아야 한다. 어떤 방법으로 공부하는가 하는 것은 전적으로 자신들의 몫이다.

아이를 바꾸는 단 하나의 계기, 동기부여는 아주 사소한 것에서부터 시작한다. 그리고 그것은 어느 날 갑자기 하늘에서 뚝 떨어진 것처럼 아이에게 주어지지 않는다. 끊임없이 아이와 접촉하고 관심을 가져줌으로써 서서히 드러나는 것이다. 그리고 그 가운데 확실한 동기부여는 꼭 하나씩 있게 마련이다.

엄마로서 내 아이에게 공부를 하라고 잔소리하기보다는, 공부를 할 수 있는 여건과 동기부여를 만들어주는 것이 무엇보다 중요하다. 이것은 끊임없이 아이를 탐구하는 엄마의 능력을 필요로 하기에 함께 노력하지 않으면 안 된다.

엄마도 공부하라. 그것이 무엇이든, 끊임없이.

9살, 밥을 굶던 그 아이

관심을 가지다

5월 어느 날, 때이른 더위가 기승을 부리던 오후에 한 예쁘장한 여자아이가 우리 집에 놀러왔다. 이 근처를 서성이며 놀던 그 아이를 우리 셋째가 발견하고 집에 데리고 온 것이다. 얼굴도 예쁘고 몸가짐도 단정했지만 우울한 표정에 말수가 없던 그 아이는 영이(가명)였다.

마침 오후 간식을 만들던 나는 셋째와 함께 영이 것도 준비해서 내어주었다. 그리고 아이들끼리 놀게 두었다. 그런데 시간이 한참 흘러 저녁인데도 영이가 집에 갈 생각을 하지 않는 것이다.

시계만 바라보고 있던 나는 6시 30분에 아이를 불러 집이 어디냐고 물었다. 하지만 아이는 제 집의 위치도, 부모님의 전화번호도 모르는 상태였다. 나는 뭔가 이상한 느낌이 들어 셋째에게 영이의 집까지 데려다주고 오라고 시켰다. 한참이 지나서야 돌아온 셋째에게 위치를 물었더니 우리 집과 제법 떨어진 곳에 있는 원룸이었다.

　그 며칠 후, 밤 10시가 다 된 시간에 길에서 그 아이를 보았다. 깜깜하고 인적이 드문 늦은 시간까지 영이는 집에 가지 않고 동네를 배회하고 있었던 것이다. 그 이후로도 밤늦은 시간에 영이를 목격한 것이 반복되자 이제는 관심을 넘어 걱정이 되기 시작했다. 여자아이들이 마음 놓고 다닐 만큼 세상이 평온하지 않으니 말이다.

　며칠 뒤 볼일이 있어서 그 근처를 지나면서 일부러 영이의 집에 가보았다. 물론 우리 셋째를 대동한 상태였다. 막연히 지금 그 아이가 방치되고 있다는 느낌만으로, 내가 뭔가 도울 게 있다면 돕고 싶다는 생각만 가지고 우연히 방문한 것이었다.

　역시 내 짐작대로 원룸지하에, 아빠와 오빠 그리고 영이까지 셋이서 살고 있었다. 그 가정에는 엄마가 없었다. 때마침 집에는 영이의 오빠가 있었는데, 중학교 1학년인 그 오빠를 통해 아빠의 전화번호를 알아낼 수 있었다. 그 즉시 나는 영이의 아빠에게 전화를 걸었다.

　마침 우리 집 주변에 지역아동센터가 있는데, 그곳에서 방과후에 아이들을 돌보아주고 있다는 것을 알려주었다. 정부지원을 받아서 하는 곳이라 무료인데다 책임을 지고 아이들을 맡아주니, 여자아이 혼자서 밤늦게까지 돌아다니는 것보다는 훨씬 나을 것 같아서 영이의 아빠에게 영이를 그곳에 보내자고 한 것이다.

　영이의 가정형편에 대한 사전지식이 전혀 없었지만 그 아이의 상황이 한눈에 들어와서 무작정 꺼낸 말이었다. 다행히 영이의 아빠는 내 전화를 받고 선뜻 그러자고 했다. 하지만 곧 말이 바뀌었다. 정부지원을 받아서 하는 곳이라 학부모면담과 필요한 서류도 있다고 말을 했더니 바로 거부를 하는 것이었다. 전화는 바로 끊겼다. '내 가정에 끼어들지 말고 너나 잘하라'는 거부의 의사가 분명했다.

그날 밤, 남편에게 영이와 아빠의 이야기를 했더니 괜히 나서지 말라고 했다. 남의 일에 오지랖 넓게 끼어들었다가 서로 상처만 받는다는 충고였다.

행동으로 옮기다

남편의 반대에도 불구하고 어른의 손길이 반드시 필요한 영이를 생각하면 마냥 가만히 있을 수도 없었다. 그날 이후로도 자주 밤늦게 영이를 길에서 마주치게 되자 결국 나는 우리 셋째의 담임선생님을 찾아가게 되었다.

왜 그렇게 영이의 일에 관심을 가졌냐고 묻는다면 나는 이렇게 대답할 수밖에 없을 것이다. 9살의 내 딸이 만약 오밤중까지 보호자 없이 동네를 배회한다면 그냥 둘 것이냐고.

다행히 우리 셋째와 영이가 같은 반이었기에 몇 번 만난 적이 있는 담임선생님께서 영이에 대해 자세히 설명을 해주었다. 얼마 전에 전학을 온 아이인데, 엄마와 함께 살던 두 남매를 아빠가 빼앗다시피 데리고 온 것이라고 하셨다. 담임선생님조차도 이 아이가 방치되는 것에 대해 걱정이 큰 상태였다.

담임선생님의 자세한 설명을 듣고 나는 영이가 아침도 굶고 학교에 오는 데다 방과 후조차 거의 방치되고 있다는 것을 알 수 있었다.

그 다음날인 토요일 낮, 교문 앞에서 일부러 우리 셋째를 기다렸다.(당시에는 토요일도 격주로 오전수업을 할 때였다.) 점심급식을 하지 않고 오는 날이기에 영이까지 함께 집에 데리고 와서 밥을 먹일 생각이었다. 그날 아침에 미리 셋째에게 영이와 함께 집으로 올 것을 지시했지만, 혹시나 싶은 마음에 일부러 내가 교문 앞까지 나갔던 것이었다.

그렇게 우리 집에서 함께 밥을 먹기 시작한 영이는 그 이후로 학교가 끝나면 거의 매일 우리 집에서 놀면서 저녁을 먹었다. 그런 후 저녁 6시 30분이면 난 영이를 집까지 데려다주고는 했었다. 일요일이나 공휴일 등 쉬는 날도 우리 집에 와서 놀고는 했는데, 한 번은 일요일에 외출할 일이 있어서 늦게 집에 돌아오니 영이가 그 시간까지 우리 집 현관 앞에서 기다리고 있는 것이다. 그 모습이 짠해서 그 후로 난 일요일도 되도록 외출을 하지 않았다.

지역아동센터에 보내면 걱정이 덜 될 것 같았지만 우선 아빠가 보내지 않는다고 하니 방법이 없었다. 보호자의 동의 없이 무작정 아이를 받을 수 있는 시설이 아니기 때문이었다. 그래서 우선은 내가 지켜보고 돌봐주는 것밖에 없었다.

난 우리 셋째를 대하듯 영이를 대했다. 그리고 아이에게도 아빠의 전화번호를 꼭 기억하고 다닐 것을 당부했다. 그런 기본적인 것조차 일러주지 않는 영이 아빠의 무심함을 속으로 욕하면서 말이다.

영이를 돌보기 시작하면서 우리 집은 늘 아이들 웃음소리와 목소리로 넘쳐났다. 셋째의 친구인 영이를 따라온 다른 친구들, 집 앞에 사는 같은 또래 친구, 그리고 어린이집에 다니는 우리 넷째까지, 아이들 몇 명은 늘 우리 집 마당을 기점으로 모여서 놀고는 했던 것이다. 그런 아이들의 웃음소리를 들으니, 귀찮더라도 영이를 돌봐주기 잘했다는 생각이 들었다. 그 아이 아빠가 이런 사정들을 모르더라도 상관없었다. 어차피 누군가에게 칭찬을 듣기 위해 한 행동이 아니었기 때문이다.

한참 후, 6월로 접어들어 날씨가 지독히 더운 날이었다. 일요일 낮에 우리 집에 온 영이의 옷이 전날 입었던 옷과 똑같다는 걸 알았다. 날씨가 더워서 가만히 있어도 땀을 줄줄 흘릴 정도였는데, 긴 까만 바지를 입은 영이에게서도 땀 냄새가 지독했다.

아이를 씻겨서 우리 셋째의 옷을 대신 입혀줄 생각으로 영이에게 목욕을 하자고 했다. 하지만 영이는 그 즉시 고개를 흔들더니 슬그머니 내게서 도망을 쳐버렸다. 그리고 그날 이후, 한동안 그 아이는 우리 집에 오지 않았다.

마음이 많이 아픈 아이. 어른에게서 받은 상처가 큰 아이. 먼저 다가서는 어른에게 마음을 주었다가 버림받을까 봐 경계하는 아이. 그래서 가식 없는 내 관심조차도 거부하는 아이가 바로 영이였다. 한 달 이상 봐온 나조차도 아이에게는 낯선 타인에 불과하기에.

어쩌면 나는 영이에게 관심이 지나쳐 참견을 하려고 했는지도 모르겠다. 미리 이해하고 판단하고 해결책까지 만들어놓고는 그 틀에 끼워 맞추려고 했던 건 아니었는지. 어쩌면 영이의 아빠조차도 당시에 날 그렇게 생각했는지도 모르겠다. 왜 잘 살고 있는 남의 가정사에 참견을 하느냐고, 너나 잘하라고.

가정의 붕괴로 인해 주변에서 이런 방치되는 아동들을 흔히 볼 수 있다. 부모가 무관심해서, 또는 너무 바빠서 방치되었을 수도 있지만 이 아이들을 대함에 있어 무조건적인 호의나 일시적인 친절은 절대 권하고 싶지 않다.

오히려 그런 상황에 처한 아이들은 자신에게 다가오려 하는 어른의 가식적인 면을 너무도 환하게 꿰뚫어볼 수 있기 때문이다. 동정보다는 진심어린 사랑이 필요하다. 그리고 이런 작은 관심으로 시작된 변화는 내 아이뿐만 아니라 나아가 세상을 바꿀 수 있을 것이다.

시작, 그 첫 걸음은 바로 관심이다.

안정된 울타리가 필요한 아이

용기를 내다

내 관심에서 멀어지자 영이는 다른 아이와 어울리기 시작했다. 그런데 문제는, 영이가 어울리는 아이들이 영이와 어울리면서 학원을 빠진다거나 길거리를 배회하며 엄마들에게 걱정을 안겨 준다는 것이었다.

어떤 엄마는 내가 했던 것처럼 자기 딸과 어울리는 영이를 몇 번 집에 데리고 가 봐주기도 했다고 했다. 하지만 얼마 가지 못해 영이는 그 집에서도 배척당했고, 다시 홀로 남은 영이의 방황은 밤늦도록 동네를 배회하는 것으로 나타났다.

난 내 관심을 거부하는 영이를 좀 더 지켜보기로 하다가 도저히 그냥은 둘 수 없을 것 같아서 다시 내 품에 받아들이기로 했다. 그리고 우선은 다 알고 있다는 것처럼 구는 나의 태도를 바꾸기로 결심했다. 전에는 뭐든 가르쳐주려 들고 훈계하려고 했었는데, 그 다음부터는 있는 그대로의 영이를 지켜봐줬다. 그러고 나니 날 대하는 영이의 태도도 조금씩 달라졌다.

　다시 우리 집에 드나들기 시작했던 영이가 본격적으로 우리 집에서 하루의 대부분을 보내기 시작한 것은 여름방학이 시작되기 일주일 전부터였다. 학교의 급식시설을 공사한다고 방학 전 1주일, 방학 후 2달 동안 급식을 실시하지 않는다는 안내문이 나온 것이었다.

　아침도 굶고 오는 그 아이에게 점심급식까지 주지 않는다는 건 거의 하루 종일 굶을 수도 있다는 엄청난 위기감이었을 것이다. 물론 영이는 내색하지 않았지만 내가 더 걱정이 되어 가만히 있을 수 없었다. 나는 셋째에게 말을 해서 학교가 끝나는 대로 영이를 데리고 집으로 오라고 했다.

　지역아동센터에 다니는 우리 셋째는 학교가 끝나고 바로 가면 그곳에서 급식을 실시하기에 점심 때문에 걱정할 필요가 없었다. 하지만 영이에게 점심을 먹이기 위해 일단 지역아동센터에다 말을 하고 두 아이를 집으로 오게 한 것이다. 매일 아이들 점심 때문에 내 볼일조차도 제대로 보지 못하고 집에 있어야 하는 건 꽤 성가신 일이었지만 나로서는 달리 방법을 찾을 수 없었다.

　우리 집에서 함께 점심을 먹고, 셋째가 오후 2시가 되기 전에 지역아동센터에 가기 위해 나가면 영이는 낯선 집에 혼자 남았다. 마땅히 갈 곳도 없고, 돌봐줄 사람도 없는 상태여서 영이는 스스로 우리 집에 있는 걸 자청했다. 집에서 프리랜서로 일을 하는 난 일을 하면서 영이를 살펴야 했다. 그렇게 우리 집에서 봐주다가 저녁 6시 30분이 되면 영이의 집에까지 데려다주기를 반복했다.

　그렇게 며칠이 지나자 며칠 후에는 영이 스스로 밥을 더 달라고 청하기까지 했다. 영이가 간단하면서도 쉬운 그 말을 하기까지는 몇 달이 걸렸다.

한 발 더 나아가는 관심

방학을 앞둔 어느 날이었다. 셋째가 문득 이런 말을 꺼낸다.
"엄마, 지금은 괜찮지만 다음 주에 방학하는데, 그럼 영이 점심은 어떻게 해? 방학 동안에 굶어?"

셋째의 말을 듣고 나니 방학이 또 걱정이었다. 그때부터 새로운 고민에 빠졌다. 집이 가깝지도 않은데 매일 밥 먹으러 오라고 할 수도 없었다. 그렇다고 내가 점심을 가져다줄 수도 없는 노릇이고…….

이제는 나 혼자서 떠안을 수 있는 문제가 아니라는 생각이 들었다. 지금까지는 나 혼자서 아이를 돌보고 가끔 관심을 가져주는 것으로 해결할 수 있었지만, 앞으로는 좀 더 구체적인 방법이 제시되어야만 했다.

고민을 하던 나는 그 즉시 지역아동센터로 가서 의논을 했다. 하지만 지역아동센터에서는 여전히 부모님의 동의가 없으면 아이를 받을 수 없다는 입장을 고수했다. 그러다가 지역아동센터 사무국장이 한 가지 방법을 알려주었다. 최후의 방법이긴 하지만, 공무원 추천이 있으면 그런 위기에 처한 아이들은 급하게 받을 수 있다는 것이다.

원래 학기 중에는 아동을 받지 않는 편인데, 영이의 사정이 급하니까 한 번 추진해보자고 했다. 하여 담임선생님 추천장을 받아와야 한다는 것이다.

객관적인 시선으로 보자면 그렇게까지 해야 할 정도로 영이가 현재 위기에 처했다고 생각하지 않을 수도 있었지만, 나는 무작정 사무국장을 대동하고 7월의 뜨거운 태양 아래 학교 담임선생님을 찾았다. 손에는 지역아동센터에서 받은 추천장이 들려있었다.

지난번에도 한 번 말을 한 적이 있어서인지 담임선생님은 선뜻 추천장을 써주셨다. 그러면서 오히려 내게 고맙다는 말씀을 하셨다. 선생님 또한 영이 때문에 고민만 많고 마땅한 해결책이 없어서 마음이 쓰였는데, 내 덕에 이렇게 울타리를 만들어줄 수 있게 되어 한시름 덜었다는 것이다.

선생님은 그 이후로도 쭉 학교생활에 있어서 아이의 모든 것에 힘써주시기로 했고, 조만간 영이의 아빠와 전화통화를 하겠다고 약속을 하셨다. 우리가 전화를 하는 것보다 공신력이 있는 학교의 담임선생님이 전화를 걸어 이러이러한 곳에 이러이러해서 보내게 됐다고 하면 훨씬 나을 것 같았기 때문이다.

영이를 지역아동센터에 보내는 첫 날, 내가 직접 우리 셋째와 영이의 손을 잡고 지역아동센터에 데려다주었다. 영이는 누구의 눈치를 보지 않아도 되는 그곳이 마음에 들었는지 선뜻 안으로 들어섰다.

그렇게 몇 명의 어른들이 힘을 모아 영이는 지역아동센터에 다닐 수 있게 되었고, 그 이후로 밤늦게까지 돌아다니는 일은 없어졌다. 물론 점심을 굶는 일도 더더욱 없었다. 지역아동센터에서는 방학 중에는 점심을, 개학을 하면 점심과 저녁까지 먹여서 집에 보내기 때문이었다.

처음에는 나더러 나서지 말라며 말리던 남편 또한 장하다며 내 등을 두드려 주었다. 하지만 여기서 끝이 아니었다. 영이가 지역아동센터에 다닐 수 있게 된 것은 새로운 시작일 뿐, 그 이후에 파생되는 여러 가지 문제들이 또 발생한다. 영이의 아빠와 오빠에 대한 이야기도 있다. 그 이후의 이야기들은 뒤의 <감동>편에서 다시 소개하기로 한다.

관심. 어쩌면 오지랖이라고도 할 수 있는 작은 관심에서 시작되었던 일이 이렇게까지 좋은 결과로 나타날 수 있었던 것은 용기도 한 몫 했음을 부인할 수 없다. 쉬는 날에 잠깐씩 내 자식 돌보는 것조차도 귀찮아하는 일부 엄마들에게 이런 이야기를 하면 괜한 짓 하는 거라며 혀를 찰지도 모르겠다. 각자에게 주어진 자신들의 삶이 있는 것인데 괜히 나서서 분란만 일으킨다고 할 수도 있다.

분명한 것은, 이 작은 관심이 세상을 바꿀 수도 있다는 것이다. 몇몇 어른들의 관심만 있다면 이런 아이들은 충분히 자기 몫을 다할 수 있는 아이로 자랄 수 있을 것이고, 그렇게 된다면 어른이 되었을 때 세상을 바라보는 시선 또한 조금은 달라지지 않을까?

또한 여기에서 가장 경계해야 하는 것이 아동센터나 동사무소 등에 신고를 하는 것이다. 일반의 관심으로 본다면 그런 가정은 신고를 해서 해결책을 찾으면 될 것 같지만 실상은 그렇지 않다. 막상 신고가 들어가서 조사가 나온다면, 아빠나 아이들 모두 상처를 받게 되고 결과적으로 아이들은 시설로 갈 가능성이 높다.

나나 지역아동센터, 학교선생님이 가장 우려했던 것이 바로 그것이다. 신고까지는 가지 않도록 하자는 것. 어떻게든 그 가정을 유지하면서 아빠를 변화시키고 아이들을 굶기지 않도록 하는 것이 최선이었다. 동사무소나 법적으로 도움을 청하는 것은, 그 모든 것이 선행되지 않은 상태에서는 가장 최악의 방법일 수밖에 없다.

내가 먼저 관심을 가지고 지역아동센터, 학교 담임선생님까지 나서서 한 아이를 위해 노력했던 이런 일은 어디에서나, 또 누구라도 충분히 할 수 있는 일이다. 이런 작은 관심 하나와 그에 따르는 용기를 가진 사람이 많이 생겨난다면, 이 세상은 그 하나의 가치만으로도 충분히 아름다울 수 있는 것이다.

에베레스트 칼라파타르 정복기

아이들은 여행을 통해 배우고 자란다

중3 겨울방학 때, 둘째는 17박 18일의 일정으로 네팔에 다녀왔다. 네팔의 유명한 트래킹 코스인 히말라야 산맥 칼라파타르 봉우리 정상까지 다녀온 것이다. 중학교 시절을 방황으로 보냈던 아들에게는 졸업을 앞둔 시점에서 자신을 돌아볼 수 있는 좋은 기회가 되었다.

아이를 도저히 외국여행까지 시킬 여력이 없던 우리였으나, 많은 분들의 도움으로 그 멀리까지 보낼 수 있었다. 원래는 청소년봉사를 오랫동안(당시에는 25년 정도) 했던 남편이 가야 하는 여행이었으나, 남편은 젊은 시절 당한 교통사고의 여파로 오른쪽 다리에 장애를 가지고 있다. 그래서 오랜 시간 비행기를 타는 것도 무리였고 산은 도저히 올라갈 수 없었던 것이다. 할 수 없이 아버지를 대신해서 아들이 여행에 참가했다.

드디어 한국을 떠나게 되는 첫날. 나보다도 키가 훌쩍 큰 아들임에도 그 멀리까지 아이를 떠나보내야 하는 부모의 마음은 걱정과 근심으로 가득했다. 하지만 첫 해외여행이 마냥 신이 난 둘째는 연신 싱글벙글이었다.

비행기 출발시간이 다가오고 일행을 따라 출구로 나가던 둘째는 갑자기 돌아서서 제 막냇동생을 번쩍 안아 올린다. 가족들 중 울 넷째가 제일 눈에 밟히는 모양이었다. 그렇게 무뚝뚝한 마음을 막냇동생에게 풀어낸 둘째는 18일 만에 다시 우리나라로 돌아왔다.

그 사이 얼굴은 제 피부색을 찾아볼 수 없을 정도로 그을려, 공항에서 씩 웃는데 흰 치아만 보일 정도였다. 그런 상태로도 공항 대합실에 들어서자마자 제 막냇동생을 제일 먼저 안아서 반가움을 표했다.

중학교 내내 크고 작게 속을 썩이던 아이라 사실 떠나보낸 후에도 내내 걱정이 많았다. 또 내심 이번 여행을 통해 아이가 바뀌기를 기대하는 마음도 컸다. 하지만 아이를 키워본 경험상, 그런 일을 겪는다고 아이가 180도 바뀌지는 않는다는 것을 잘 안다. 물론 그런 힘든 경험에서 얻는 깨달음은 있었겠지만, 보통의 아이들의 경우 그 깨달음은 여건이 좋아지면 잊히고 만다.

집에 돌아와 여행에서의 무용담을 풀어놓는 자리에는 둘째를 뺀 다섯 명의 가족들이 눈을 빛내며 경청해주었다. 해발 5,500미터의 칼라파타르 봉우리에 올라가기까지의 여정이 생생히 그려졌다.

저산소 증세로 인해 호흡곤란을 일으키고 고산병을 앓느라 지독히 고생한 일. 빨래를 하면 그 즉시 얼어버리는 차디찬 공기 때문에 빨래며 몸을 씻는 것은 엄두도 내지 못했던 일 등 무용담을 늘어놓았다. 그중에서도 가장 고생스러웠던 기억은 한국의 음식을 먹을 수 없는 것이었다고 한다. 워낙 고산지방이다 보니 산소가 부족해서 불을 피우기가 힘이 들었단다. 또한 소화기능이 떨어지기 때문에 고기 종류는 잘 먹을 수가 없었다는 이야기 등. 그래서 둘째가 여행 내내 가장 먹고 싶었던 것이 삼겹살과 김치였다고 했다.

그런 힘든 여행을 하고 돌아왔어도 둘째는 여전히 컴퓨터와 많은 시간을 보냈고 여전히 속을 썩이기도 했다. 하지만 한 가지 달라진 것이 있다면, 이제는 웬만한 고난은 쉽게 넘길 수 있다는 자신감이 생긴 것이었다.

또 사람들을 보는 시선도 달라졌다. 네팔에서 소위 부유층에 속한다는 사람들이 포터(현지에서 짐을 들고 나르는 사람)를 하면서 얼마나 힘들게 돈을 버는지 직접 보고 들었기에 삶이 그리 녹녹치 않다는 것을 깨달은 것이다. 그런 며칠간의 경험은 이후로 우리 둘째가 살아가는 데 있어 큰 밑거름이 되었다.

아이를 정말 위하는 부모라면 많은 경험을 시켜보라고 권하고 싶다. 꼭 해외여행이 아니라도 얼마든지 국내에서 많은 경험을 할 수 있다. 시기와 일정을 정해놓고 가족들 모두 캠프나 여행을 통해 친목을 다지는 것도 좋고 혼자만의 여행을 시켜보는 것도 좋다.

우리가족의 경우, 1년에 두 번 정도 주말을 이용해 가족캠프를 하고 자주 가족여행을 가기도 한다. 당시에는 캠프라는 개념이 지금처럼 보편적이지가 않아서 캠핑장비 구입이며 캠핑에 대한 정보도 쉽게 접할 수가 없었다. 당연히 캠핑을 할 수 있는 장소도 제한적이었다.

가족캠프는 보통 봄과 가을에 한다. 여름 휴가철에는 아이들 넷과 부모의 일정이 다 달라서 늘 함께할 수 없기 때문이다. 늦봄과 초가을쯤이면 그리 춥지도 않아 야외에서 텐트를 치고 자도 그리 힘들지 않다. 바닥에 두툼한 스펀지깔개를 깔면 훈훈하기까지 하다.

우리는 가족캠프를 할 때면 아이들에게 직접 텐트를 치는 법. 밥 짓는 법. 심지어는 나무를 이용해 불을 피우는 법까지도 가르친다. 그리고 1박 2일 동안 컴퓨터와 TV가 없는 자연 속에서도 얼마든지 놀 거리가 있다는 것을 가르친다. 또 그런 시간들을 통해 가족들끼리 많은 이야기를 나눌 수도 있고 서로의 소중함도 일깨울 수 있다.

언젠가는 첫째와 둘째가 도보여행을 한 적도 있다. 3박 4일 동안 50km를 걸어서 목적지에 도착했었는데 그때의 경험이 색다르다고 했다.

가족여행이라고 해서 가족 구성원 모두가 다 동참해야 하는 것은 아니다. 가족구성원 일부가 가도 가족여행이라는 이름은 붙일 수 있다. 모든 가족을 한 틀 안에 끼워 맞춰 무조건 함께해야 한다는 것 자체가 억지스러운 생각이기에 그다지 추천하고 싶지 않다. 하지만 어떤 방법으로든, 가족들과 함께 하는 여행은 아이들이 인생을 살아가는 데 있어 큰 밑거름이 될 것이다.

4자 감동

아이에게 배우는 엄마 되는 법

부모는 자식의 거울

자식이 부모보다 나을 때도 있다

남편은 현장직에 종사하고 있다. 주로 전원주택(특히 목조주택)을 짓는 일을 하는데 대학 때의 전공과는 무관한 직종이었다. 직원도 있고 4대보험에도 모두 가입되어 있는 소규모 회사의 대표라고는 하지만, 현장직의 특성상 늘 지저분한 작업복 차림으로 일을 할 수밖에 없다. 가끔 본드가 묻기도 하고 페인트가 묻기도 하고 그밖에 다양한 약품이 묻기도 한다.

여느 날과 다름없이 그날도 새벽 일찍 출근을 했다. 보통 건설현장은 동이 트기 전부터 일을 시작한다. 남편은 대표라는 이유로 남들보다 먼저 출근하고 늦게 퇴근한다. 그날도 어김없이 새벽 일찍부터 서둘러서 일을 하느라 땀벅벅이 되어 있었다고 한다. 여름이라 해가 뜨면 바로 더워져서 좀 더 서두른 것도 있다.

마침 그 시간, 6~7살 되어 보이는 꼬마와 그 아이의 엄마가 건설현장 근처를 지나갔다. 아이가 유치원에 가기 싫다며 떼를 쓰자 아이를 달래던 엄마가 문득 한 마디를 하더란다.

"너 자꾸 이렇게 떼쓰고 말 안 들으면, 나중에 커서 이 아저씨처럼 산다?"

"?"

느닷없는 공격에 남편이 뭐라 대꾸할 새도 없이 아이의 엄마는 어린 아들의 손을 잡고 유유히 현장을 떠났다고 했다. 남편은 쓴웃음을 짓고는 그냥 잊어버린 채 하루를 마무리하고 집에 돌아왔다. 그러고는 저녁 밥상을 받고 나서야 아침에 있었던 일을 털어놓는다.

"아빠! 걱정하지 마!"

제 아빠의 말을 듣자마자 큰딸이 벌떡 일어서며 소리친다.

"그 말을 한 그 엄마의 아들은 훌륭한 인물이 못 되지만, 그 말을 들은 아빠의 자식들은 다들 훌륭한 인물이 될 거야. 그러니 아빠, 기죽지도 말고 걱정하지도 마. 우리가 있으니까."

첫째는 제법 의젓한 말로 아빠를 위로할 줄 안다.

사실 첫째는 그 전에도 우리를 몇 번 울린 적이 있다. 첫째가 고등학교 1학년이었던 어느 날, 시험이 끝난 아이가 친구들을 데리고 왔다. 다같이 근처 식당에 가서 식사를 하는 도중에 아이들과 자연스럽게 시험이나 성적에 관련된 대화가 이어졌다.

"공부가 최고의 가치는 아니기에 난 너에게 공부하라고 하지는 않아. 하지만 적어도 엄마나 아빠처럼 살지 않으려면 최선을 다해서 공부를 해라."

내 딴에는 격려를 한답시고 아이들의 말에 끼어들어 첫째에게 이렇게 말을 했다. 그러자 내 말이 끝나기가 무섭게 첫째가 갑자기 정색을 하면서 따지기 시작한다.

"엄마랑 아빠는 내가 제일 존경하는 분들인데, 엄마아빠가 뭐가 어떻다고 자신들을 그렇게 낮춰요?"

친구들 앞에서 갑자기 나를 나무라는 첫째의 말에 난 놀랄 수밖에 없었다.

"나중에 엄마나 아빠처럼 지지리 고생하지 않으려면……."

그러나 내 말은 이어질 수 없었다. 첫째가 숟가락을 내려놓은 채 아예 나를 향해 돌아앉은 것이다.

"엄마, 가난한 건 죄가 아니야. 두 분 다 정말 열심히 사시잖아. 난 우리 부모님이 자랑스러워요. 내가 언제 돈이 없다고 불평했어? 가난하다고 창피해했어? 아빠 성실하지, 엄마 가정적이고 다정하지. 우리 집처럼 행복한 집이 어디 있다고. 그리고 난 엄마나 아빠처럼 살지 않기 위해서가 아니라, 내가 하고 싶은 일을 하기 위해서 공부를 하는 거야. 그러니까 다시는 그런 말 하지 마세요."

17살이었던 첫째는 친구들 앞이라는 것도 아랑곳하지 않은 채 말을 이어갔다.

"엄마, 우리가 다 컸다고 학교에 가서 집안 얘기 하나도 안할 것 같지? 아니야. 유치원 애들처럼 우리도, 다들 집에서 무슨 일이 있는지 어떤 대접을 받는지 다 얘기해요. 그래서 난 애들이 언제나 부러워하는 애라니까. 우리 아빠는 술 담배도 하지 않지, 폭력도 쓰지 않고 다정하지, 엄마랑 아빠는 그 어떤 부부보다도 정답고 알뜰하지……. 그게 우리한테 얼마나 큰 위로가 되는지 알아요? 다른 애들은 폭력아빠에 술주정뱅이 아빠에, 자기들한테는 신경조차 쓰지 않는 엄마를 둔 애들이 더 많은데. 그런데 나는 안 그렇잖아. 그것만으로도 부모님은 내게 가장 큰 가치를 선물해주신 분들이야. 그러니까 절대로 돈 없다고, 가난하다고 창피하게 생각하지 마세요. 알았지?"

말을 마친 첫째는 아무렇지도 않은 듯 다시 숟가락을 들고 식사를 이어갔다. 첫째에게서 위로의 말들을 듣는 순간, 그간 아이들을 키우면서 힘들었던 모든 고통들이 일시에 사라져버렸다. 이런 맛에 자식 키우는구나, 절로 뿌듯해졌다.

아이들은 부모를 보고 배운다

남편은 20대 초반에 당했던 교통사고 후유증으로 인해 한쪽 다리가 조금 불편하다. 그 당시에는 젊다는 이유로 장애등록도 해놓지 않아 뒤늦게 하려고 하니 절차가 복잡해서 결국 포기하고 말았다. 정말 힘들었을 때는, 장애등록이라도 해뒀더라면 좀 더 수월하게 넘어가지 않았을까 싶었지만 후회는 하지 않는다.

하루는 출근을 한 남편이 점심 때가 다 되어서야 집에 전화를 했다.

"나 오늘 차에 있던 연장 다 도둑맞았어."

"뭐? 현장 근처에 차 세워놓은 거 아니었어?"

"사실은 아침에 출근할 때 이미 사라졌는데…… 아침부터 얘기하면 당신 속상할까 봐 지금 얘기하는 거야. 알고는 있으라고."

밤사이 누군가 1톤 트럭의 문을 열고 연장을 훔쳐간 모양이다. 당시에도 30만 원 가량 하는 것이었으니 꽤 고가의 연장이었다.

"그럼 어떻게 해? 다시 살 수 있어?"

"우선 돈이 없으니 당장은 못 사지……."

"진짜 나쁜 사람이다. 벼룩의 간을 내먹지……."

"그러지 마. 그 연장은 어차피 아는 사람 아니면 못 쓰는 거니까, 누군가 아는 사람이 훔쳐갔을 거야. 훔쳐간 사람이 그 연장 가지고 돈 많이 벌면 좋지 뭐. 우리가 욕한다고 해서 사라진 물건이 돌아오는 것도 아니고, 욕한다고 해서 우리한테 좋을 것도 없으니까 그냥 복이나 빌어주자."

남편은 이런 사람이다. 어차피 지나간 일에 대해서, 어떻게 해볼 수 없는 일에 대해서는 분노하지 않는다. 오히려 훔쳐간 그 사람이 그 연장으로 돈을 많이 벌었으면 좋겠다고 복을 빌어주는 사람이다. 이런 남편이라서, 이런 사람이 내 아이들의 아버지라서 참 고맙고 든든하다.

아이들은 스스로를 성장시킨다

첫째부터 넷째까지, 아이들 넷 모두 고등학교 1학년 때부터 스스로 용돈을 벌어서 썼다. 일부러 시킨 것은 아니지만 첫째가 고등학교 들어가면서부터 아르바이트를 시작하자 그것을 본 둘째, 셋째, 넷째도 당연히 그렇게 따라갔다.

셋째가 고등학교에 가서 아르바이트를 할 때에는 학부모동의서 제출이 필수였다. 하지만 첫째와 둘째는 그런 절차 없이 일찍부터 아르바이트를 할 수 있었다.

첫째는 피자집에서, 둘째는 건설현장에서, 셋째는 햄버거 체인점에서, 넷째는 커피 체인점에서 첫 번째 아르바이트를 시작했다. 아이들이 일찍부터 제 스스로 용돈을 벌기 시작하면서 나는 소비와 저축의 발란스를 맞추는 법, 시간을 분배하는 법, 학업과 일을 병행하는 법 등을 가르칠 수 있었다.

나는 사소한 것이 정말 중요하다는 생각으로 아이들을 지도했다. 많은 사람들이 흔히 지나치기 쉬운 것들, 예를 들면 횡단보도 신호를 지키는 것이나 쓰레기를 줍는 것, 남의 것을 함부로 가져오지 않는 것 등이다. 운전을 하다 보면 간혹 횡단보도 신호가 얼마 남지 않았을 때 엄마들이 어린 아이의 손을 잡고 뛰는 경우를 보게 된다. 그 아이는 학교에서 제대로 배웠을 텐데, 과연 배운 대로 해야 하는지 엄마의 말을 따라야 하는지 혼란이 올 것이다. 어려서부터 제대로 된 교육을 시키지 않은 아이는 사회의 규칙과 질서를 우습게 여기게 된다.

아이들을 키울 때, 빨래를 하려고 옷을 뒤지면 아이들의 교복 주머니에서는 늘 쓰레기가 한 주먹씩 나왔다. 첫째부터 막내까지, 아이들은 늘 길거리의 쓰레기를 줍고 다녔고 자신이 만든 쓰레기는 스스로 주머니에 챙겨 넣어서 되가져왔다.

현재 대학생인 셋째와 넷째가 친구들과 함께 길을 갈 때면 이 아이들과 함께 가는 친구들은 늘 횡단보도 신호를 철저히 지킨다고 한다. 어느새 아이들의 기본적인 습관이 친구들에게도 전염이 된 듯하다.

기본부터 지키는 것은 그만큼 중요하다. 너도나도 '주인공'이 되기를 꿈꾸는 '1인 미디어 시대'를 살아가고 있는 현재다. 그 누구도 조연이나 단역으로 남으려고 하지 않는다. 함께 어울려 살아가야 하는 '우리'라는 가치와 개념이 상실되어 버린 사회. 모두들 '1인칭 주인공 시점'만 고집하는 이 사회에서, 적어도 다른 사람들과 어울려 살아가기 위해서는 가끔 '2인칭 시점'이나 '3인칭 시점'으로의 전환도 필요하지 않을까.

유치원 선생님

사랑으로 아이들을 지도하는 선생님

오랜 세월이 지났지만 셋째의 유치원 때 선생님 한 분이 참 기억에 남는다. 학기 초에 선생님이 학부모 면담이라며 따로 전화를 걸어온 적이 있다. 학기 초라 바쁠 텐데도 일일이 부모들에게 전화로, 또는 직접 만나기도 하면서 아이들 하나하나에 대해 면담을 했었다. 그때 선생님과 대화했던 내용이 지금도 머리에 또렷이 기억되어 있다.

5살 때 할머니로 인해 상처를 받은 아이. 엄마의 사랑이 한창 필요할 시기에 동생에게, 그리고 할머니에게 엄마를 빼앗겨버려 마음이 아픈 아이가 바로 셋째였다. 그런 아이를 두고 한 상담이기에 나도 긴장할 수밖에 없었다.

"어머니, 셋째가 참 예쁘고 착한데, 사실 그 착한 것이 문제인 것 같아요. 아이가 그냥 참기만 하니까 다른 애들이 얘가 바보인 줄 알아요. 아프면 아프다고 하고, 화가 나면 화가 난다고 해야 하는데 혼자 다 참고 또 참아요."

그 말뜻을 모르지 않았다. 표현이 없이 자신의 내부에만 잠식해 들어가는, 당시 셋째의 상태를 나도 알고 있었기에.

전날은 유치원에서 이가 빠졌는데도 울지 않더란다. 보통 아이들은 피를 보면 울음부터 터트리는데, 피가 나오는데도 셋째는 울지 않고 빠진 이를 휴지에 싸서 쓰레기통에 버렸단다. 오히려 너무 대견하고 침착해서 선생님들이 놀랐다고 했다.

때로 씩씩한 아이들 중에는 그런 아이들이 있기는 하지만, 우리 셋째처럼 소심한 아이가 그럴 때는 문제가 있는 것이라고 했다.

그 즈음에 몸이 약해서 병원에 몇 번 입원한 일이 있었는데, 사실 링거를 맞기 위해 혈관주사를 놓을 때도 울지 않는 아이가 우리 셋째였다. 아프지 않아서 울지 않은 것이 아니라, 울면 엄마가 속상할까 봐 울지 않은 것이다. 아파도 혼자만 아파하면 다른 사람은 괜찮을 것이라는 생각을 하는 탓이었다.

나중에 심리치료를 하며 알게 된 사실이 있는데, 그때 왜 그렇게 울지 않았느냐고 상담치료사가 질문을 했더니 아이의 대답이 이러했다.

"제가 울면 엄마가 아파해요. 할머니 때문에 속상한데 나 때문에 또 속상하면 안 되잖아요. 혜린(가명)이 엄마도 혜린이가 자꾸 울어서 도망갔다고 그랬거든요."

단짝이던 친구의 엄마가 집을 나간 사건이 셋째에게는 큰 충격이었나보다. 또 당시의 우리 집 환경 또한 셋째를 억눌렀을 것이고.

이어지는 유치원 선생님의 말도 같은 뜻이었다.

"아프면 아프다고 해야죠. 그게 7살 아이들의 정상적인 행동이랍니다. 친구들이 욕을 하거나 때려도 그냥 듣기만 하고 참아요.

그게 좋은 게 아니에요. 아이는 속으로 감추지 말고 감정을 겉으로 드러내야 해요. 애어른은 좋지 못해요. 7살은 7살이어야죠."

사실 그때까지는 난 아이의 상태를 어렴풋하게만 알고 있을 뿐이지, 그것이 심각하다고는 생각하지 않았었다. 하지만 나보다 더 아이를 잘 파악하고 있는 선생님이 나를 향해 중요한 충고를 해준 것이었다.

선생님은 나는 서로의 말을 경청하며 함께 노력해나가자고 했다. 칭찬은 고래도 춤추게 한다지만, 사실 아이를 무조건 잘했다고 칭찬만 해주는 것은 결코 좋은 방법이 아니라고 했다. 우리 셋째와 같은 경우에는, 칭찬이 오히려 독이 될 수도 있는 경우였다. 그럴 때는 칭찬도 가려서 하는 법을 알아야만 했다.

가령 "너는 예쁘다.", "참아서 기특하다."등의 직설적인 칭찬은 해롭다. 대신 "이럴 때 다른 아이들은 화를 내는데 너는 왜 참을까?"라고 먼저 질문을 해보고 대답을 유도하도록 해야 한다. 아이 스스로 속의 마음을 풀어낼 기회를 많이 주는 것이 필요하다.

또 아이가 누구를 도와줬다면 이렇게 칭찬해줘야 한다. "셋째 덕분에 다른 친구는 참 좋겠다. 그 친구가 말은 안 해도 속으로는 너에게 고마워할 거야."라고. 그런 식으로 에둘러 할 수 있는 칭찬을 많이 개발해서 적절하게 사용해야 한다고 선생님께서 친절히 일러주셨다. 선생님은 내게 진심어린 충고를 했다. 지금 이 상태로 아이를 계속 방치하다 보면 소아우울증까지도 올 수 있다는 것이었다. 어쩌면 내게는 듣기에 불편한 말일 수도 있었지만 그때 그 선생님의 진심 어린 충고로 인해 나는 셋째의 상태를 정확히 인지할 수 있었다.

중학교 선생님

아이와 눈높이를 맞춘 참교육자

중학교 때 둘째는 사춘기를 겪으면서 또래 사내아이들과 어울려 수돗가 옆에서 담배를 피우다가 걸린 일이 있었다. 당연히 학생부로 불려갔고 담임선생님이 집으로 전화를 하셨다. 그리고 그 이후로도 우리는 몇 번 학교로 불려가는 일이 생기기도 했다.

중학교 3학년, 이제는 방황이 멈출 때도 되었건만 둘째는 여전히 말썽을 부려서 마침내 담임선생님이 나는 물론 남편까지도 호출하는 일이 발생했다. 학교에서 단체로 고등학교 탐방을 다녀오는 길에 둘째가 친구들 몇 명과 작당을 하여 학교로 돌아오지 않고 수업을 빼먹은 일이 일어난 것이다. 그 다음날 나와 남편은 학교로 불려갔다.

남편은 불려가는 그 순간까지도 화를 냈다. 믿었던 아들로 인해 학교까지 불려가는 일이 생겼을 때 대부분의 아버지들이 보이는 반응 그대로였다.

담임선생님은 우리 부부를 앉혀놓고 둘째의 상태에 대해 꽤 오랫동안 이야기를 했다. 그중에는 우리를 탓하는 말도 있었다. 바로 아이를 대하는 남편의 태도가 문제라는 말이었다.

"지나치게 도덕적이고 강압적인 아버지 밑에서는 애들이 숨을 못 쉬어요. 조금만 풀어주세요. 아빠가 도덕적이기 때문에 내 아들은 절대로 안 된다고 하시면 서로 소통이 되지 않는답니다. 내 아들도 속 썩일 수 있고 잘못도 할 수 있다는 것을 인정하고 들어가셔야 대화가 되죠. 사내라고 무조건 윽박지르고 매를 대고 강압적으로만 하지 마시고 좀 더 부드럽게 해주세요. 특히 아드님 같은 경우는 감성적이고 여린 애라 강압적으로 대하면 자꾸 튕겨나가기만 합니다."

선생님의 충고를 듣자마자 남편은 얼굴이 붉어지더니 자리를 박차고 나가버렸다. 자신의 잘못을 인정하지 않겠다는 듯 보여 나는 애가 탔다. 우리 남편 역시 대부분의 아버지들이 보이는 반응에서 한 치도 어긋남이 없었다.

한참을 더 담임선생님과 얘기를 나누고 집으로 돌아올 때까지도 남편은 한마디도 하지 않았다. 나는 남편이 오히려 아이에게 더 강압적으로 나갈까 봐 걱정을 했다. 그리고 다른 남편들처럼 나를 향해, 도대체 아이 교육을 어떻게 시켜서 이렇게 되었냐며 야단을 칠까봐 조마조마했다.

하지만 의외로 남편은 집에 돌아온 아이를 평소와 똑같이 대했다. 마치 아무 일도 없었다는 듯. 그리고 그 다음날, 또 그 다음날 남편의 태도가 아주 조금씩 변하기 시작했다.

평소라면 마땅히 혼이 났을 일도 야단을 치지 않았다. 아들은 강하게 키워야 한다며 버럭버럭 질러대던 소리도 더는 지르지 않았다. 대신 전과 똑같은 실수를 했을 때는 농담을 섞어 아이에게 충고를 했다. 당연히 둘째가 의아한 눈빛으로 아빠를 바라보았다.
 나와 아이들의 염려 어린 시선에도 아랑곳없이 남편은 확실히 달라진 모습을 보였다. 겉으로만 화를 냈을 뿐이지, 선생님의 충고를 진심으로 받아들였던 것이다. 나는 남편의 깊은 속내를 알고 기뻤다. 그리고 감사했다.
 남편은 둘째와 시선을 맞추기 위해 함께 컴퓨터 게임을 하면서 자신이 직접 캐릭터를 키워서 둘째에게 넘겨주기도 했다. 시간이 없어서 컴퓨터를 많이 하지 못하는 둘째는 굉장히 좋아했다. 당연히 아빠와의 대화시간도 늘었다.
 남편은 저녁이면 나 몰래 둘째를 데리고 나가서 맛있는 것도 사주고, 잘 마시지도 못하는 맥주를 사다가 아들과 동석해 마시기도 했다. 그중에서도 아이들이 가장 좋아했던 시간은 밤늦게 엄마가 자는 시간에 아빠와 첫째, 둘째가 라면을 끓여먹으며 대화를 나누는 시간이었다.
 늦은 밤에는 절대 먹을 것을 주지 않는 엄마 때문에 아빠와 두 아이들은 늘 내가 일찍 잠이 들기를 기다리는 듯했다. 그러다 셋째와 넷째를 재우느라 일찍 잠이 들면 조용히 주방을 뒤져 라면을 끓인다. 그리고 셋이 그것을 먹으면서 이야기 삼매경에 빠지는 것이다. 나는 그런 사실들을 알고 있으면서도 일부러 모르는 척했다. 지금도 나 몰래 한 달에 한두 번 정도 그런 일을 반복한다는 걸 잘 알고 있다.
 어쩌면 중학교 때 더 어긋날 수도 있었던 아들이 그나마 제대로 중학교를 졸업하고 고등학교에 들어갈 수 있었던 것도 아빠의 변화에서 그 원인을 찾을 수 있을 것이다. 어른이 조금만 변해도 아이들은 몇 배로 많이 변한다는 것을 이 경우를 통해 알 수 있었다. 그래서 깨어있는 어른이 필요한가 보다. 여기에서 부모교육의 중요성을 다시금 깨닫게 된다.
    중학교 3학년 때 그 담임선생님이 아니었다면 나나 남편은 우리가 아이에게 뭘 잘못하고 있는지도 몰랐을 것이다. 하지만 조금은 언짢더라도 진심어린 충고를 해줌으로써 아이와 함께 올바른 길을 찾을 수 있게 된 것이다. 언젠가 기회가 된다면 그 선생님을 꼭 다시 찾아볼 생각이다.

장학금을 거부한 일

돈 이상의 가치를 선물로 받다

연년생인 첫째와 둘째가 나란히 고등학교에 가면서 그해 2월은 참 힘들었다. 당시에는 고등학교 무상교육이 아니었기에 한꺼번에 두 아이의 등록금을 내야 했고 둘째는 입학금과 교복 값, 가방 등도 모두 새로 준비해야 했다. 게다가 급식비도 점심과 저녁까지, 두 아이의 각각 두 끼 값을 내야만 했다.

막내의 유치원에 들어가는 비용도 만만치 않았다. 셋째 이상 다자녀에 대한 복지정책이 시행된 지 얼마 되지 않았을 때라 과도기를 지날 때였다. 유치원비의 일부분은 정부 지원을 받았으나 그 외의 활동비며 급식비, 물품비 등은 모두 개인이 지불해야 했다.

그럴 즈음 우리에게 희소식이 날아들었다. 우리가 다니는 성당에서 고등학생 아이 한 명의 등록금을 대주겠다고 한 것이다. 웬만하면 도움을 받지 않고 내 힘으로 해결하고 싶었지만 형편이 좋지 못했다.

결국 우리 둘째의 이름이 교구로 올라갔다. 그리고 그 며칠 후 교구에서 사회복지사 선생님이 직접 집으로 찾아오셨다. 우리 아이에게 지원을 해주기로 거의 확정이 되어 실사를 나왔다는 것이었다. 하지만 난 도움의 손길을 거부했다.

"아니, 왜 거부하시는 겁니까? 아이들도 넷이나 되는 데다 힘드시잖아요. 충분히 받으실 자격이 됩니다."

첫째가 중학생이었을 때 공부를 잘해서 장학금을 받아온 일이 있었다. 그때는 정말 기쁜 마음으로 그 돈을 받았지만 가정형편 등을 고려해서 주는 이 장학금은 별로 받고 싶은 생각이 없었다.

자존심이 상한다거나 하는 그런 이유가 아니었다. 사실 남편의 사업 실패로 인해 다른 지방으로 이사를 온 후 몇 년은 정말 힘이 들었다. 새로 이사를 온 동네라 아는 사람도 없었고, 세를 얻어서 사는 집은 곰팡이로 도배가 되어 있었다. 그런데다가 먹을 쌀도 떨어져 굶기를 밥 먹듯 해야 했다.

그 당시에는 어디에 가서 돈 만 원을 빌릴 수만 있었어도 덜 고생을 했을 것이다. 적어도 그 당시에 만 원으로 보일러 기름을 넣으면 일주일은 따뜻하게 잘 수 있었을 테니까. 하지만 우리는 만 원 한 장 빌릴 데도 없는 캄캄한 날들을 보냈었다.

그런 생각을 하면 지금 힘들다고 선뜻 그 돈을 받을 수 없었다. 우리보다 더 힘든 형편을 살고 있는 사람들에게 미안했다. 적어도 지금의 우리는 어디에 나가서 큰 힘 들이지 않고도 돈 백 만 원 정도는 빌릴 형편이 되었으니 말이다.

"그런 분들에게 주세요. 사회복지사 선생님께서 손수 이렇게 실사를 다니시니까 좀 더 자세히 살펴보시고 정말 도움의 손길이 필요한 분들에게 주세요. 겉으로 드러나진 않아도 정말 힘이 든 분들은 몇 만 원조차 빌릴 수 없는 분들이 많을 것입니다. 저희는 아직 젊고 건강하니까 능히 이겨낼 수 있습니다. 그래서 사양하겠습니다."

　내 말을 들은 사회복지사 선생님은 눈물을 흘리셨다. 그리고 정말 기쁜 마음으로 우리 집을 나가셨다. 그 돈을 포기한 나도 내 스스로가 대견하고 기뻤다. 내가 가진 것이 많아서 누구를 도울 수는 없었지만, 이렇게라도 해서 나도 좋은 일을 할 수 있다는 것이 기뻤다. 비로소 내 존재가치를 찾은 것 같아서 기뻤다. 곁에서 내 뜻을 존중해주었던 첫째와 둘째도 밝은 미소를 지었다.

　그 돈이 나보다 형편이 좋은 분께 갔는지, 정말 어려운 분께 갔는지 알 수 없지만 난 일단 내 손을 떠난 그 돈에 대해 미련을 두지 않기로 했다. 돈을 포기한 순간부터 난 부자였기 때문이었다.

　나중에 알게 된 얘기였지만, 그때 당시에 그 장학금을 받았더라면 1년 동안 등록금 걱정은 하지 않아도 되는 것이었다. 한 번만 등록금을 내주는 것이 아니라 한 번 선정이 되면 1년 내내 등록금을 내주는 것이었기 때문이다. 하지만 그때 얻었던 기쁨은 내게 1년 치의 등록금보다 더 큰 값어치가 되었다.

　그 얼마 후, 하루는 첫째가 종이에 뭔가를 끼적거리며 계산을 하더니 올 한 해 우리 4명의 아이들을 다 가르치려면 공교육으로만 '1천만 원+@'의 돈이 들어간다고 하는 것이다.

　첫째가 계산한 종이를 가만히 들여다보니 과연 그랬다. 가장 큰 돈이 들어가는 것이 넷째의 유치원이었다. 정부지원을 받는다고 하더라도 추가되는 비용이 어마어마했다. 그 다음이 고등학교 등록금, 급식비 등을 포함한 교육비였고, 사실 초등학생인 셋째에게는 급식비 외에 크게 들어갈 것이 없었음에도 우리는 순순히 공교육으로만 1년에 천만 원 이상이 들어가야 하는 것이다.

　지금은 거의 대부분의 공교육이 무상이다. 하지만 그렇다고 하여 사정이 달라지지는 않았다고 본다. 교육비 지원을 받는 것만으로는 해결되지 않는 것이 너무 많기 때문이다. 아이를 많이 낳아서 키우기에 아직은 여러 면에서 많이 부족하다.

긍정의 나비효과

2000년 초반의 다문화가정

눈이 펑펑 내리던 어느 겨울날의 일이다. 며칠동안 차들이 움직이지도 못할 정도로 눈이 엄청나게 온 날들이 이어졌다. 방학을 맞은 아이들은 느지막히 일어나 점심 먹을 때쯤 되어서야 지역아동센터에 오고는 했다.

눈도 많이 쌓이고 기온도 많이 내려가서 추운 그날, 초등학교 2학년인 철이가 뒤늦게 센터에 등교를 했다. 마침 외출했다 들어오던 나는 센터 앞에서 철이를 만났다. 문득 철이의 신발에 시선이 갔다. 아이는 발이 훤히 들여다보이는, 다 떨어진 고무실내화를 신고 눈밭을 걸어오고 있었다.

철이는 다문화가정의 아이였다. 그 아이의 아버지는 흔히 말하는 '라이따이한'이다. 베트남전 때 파병을 나갔던 군인과 베트남 현지 여인과의 사이에서 태어난 철이의 아버지는 그 역시 베트남 현지 여성과 결혼해서 철이를 낳았다. 그러다 아버지의 나라에 오게 되었고, 한국에 들어오면서 베트남 현지 여성인 아내와, 역시 베트남에서 태어난 철이를 함께 데리고 온 것이다.

2000년도 초반만 해도 우리나라의 다문화정책에는 참 구멍이 많았다. 다문화가정이 그리 많지도 않을 때였고 또 복지정책에 대한 인식도 그리 높지 않을 때였다.

라이따이한이었던 철이의 아버지와 철이까지는 우리나라에 들어오자마자 바로 국적취득을 할 수 있었다. 철이 할아버지의 신원이 확실했기 때문이다. 하지만 철이의 엄마는 외국인이었기 때문에 귀화시험을 봐야 했다. 철이의 아버지가 처음부터 한국인이었다면 그 배우자가 한국 국적을 취득하기가 쉬웠겠지만, 그런 케이스가 아니었기에 쉽지 않았다.

우리나라의 국적을 취득하려면 시험을 봐야 한다. 또한 시험을 보기 위한 선제조건이 있었는데, 당시에는 통장에 3천만 원 이상이 들어있어야 했다. 그것도 한 번 들어있는 금액이 아니라 1년 평잔이 3천만 원이 넘어야 했는데, 서민들에게는 그저 꿈같은 이야기였다. 그러한 조건 때문에 철이의 엄마는 귀화시험을 치를 시도조차 하지 못한 것이다.

철이의 가족은 우리나라 복지정책에서 인정한 '다문화가정'에 해당하지 않았다. 당시 다문화가정이라고 하면 '한국 남자와 외국 여자의 결혼', 혹은 '한국 여자와 외국 남자의 결혼'으로 이루어진 가정만 인정이 되었다. '귀화한 외국 남자와 외국 여자의 결혼'에 해당하는 철이의 가족은 여기에 해당하지 않았다.

그렇다고 저소득가정으로 분류되지도 않았다. 부부가 모두 건강하고 일정한 수입이 있었기 때문에 완전히 법의 테두리를 벗어난, 그러나 경제적으로는 위험한 상황에 놓여있는 가정이 바로 철이네 형편이었다.

최고의 크리스마스 선물

당시 철이 엄마는 자궁을 전부 드러내는 수술을 해야만 했다. 몇 년째 배가 너무 아프고 생리불순이 이어져서 큰 병원을 찾은 결과 자궁내막염이 너무 심해서 자궁을 드러내는 수술을 해야 한다는 진단을 받았다. 그러나 수술비 마련이 어려워서 1년 이상을 고통을 참고 있는 상태였다.

철이의 엄마는 베트남에서 대학까지 졸업한 인재였다. 하지만 귀화를 하지 못했기에 우리나라에서는 그 능력을 쓸 만한 직장을 찾을 수가 없었다. 부부가 함께 작은 봉제공장에 다니면서 모은 돈으로는 세 가족의 생활비도 빠듯했다. 또한 귀화시험을 보기 위한 조건을 맞추려고 지인에게서 3천만 원을 빌려서 통장에 넣어 놓고도 빼지도 못하는 상황이었다.

사정을 알게 된 나는 이 가정을 돕기 위해 백방으로 찾아보았다. 하지만 그 어떤 혜택도 받을 수 없었다. 정부에 다문화가정으로 등록이 되어 있지 않기 때문에 다문화가정 지원도 받을 수 없었다. 저소득층에는 해당하지만 법적으로 등록이 되어 있지 않기 때문에 저소득층에 대한 지원도 받을 수 없었다. 법의 테두리를 벗어난 위기가정이었다.

할 수 없이 내가 나서서 모금운동을 시작했다. 지역아동센터 학부모들이 십시일반으로 도와주었고 수술해주기로 한 병원에서 일부분을 감면해주었다. 베트남에서 온 가족의 종교가 가톨릭이었기에 다니던 성당에서도 일부 도와주었다. 마지막으로 큰 도움을 주신 분은 성당의 주임신부님이었다. 임기를 마치고 다른 성당으로 발령을 받아 가는 신부님이 신자들에게서 받은 전별금을 전부 내놓은 것이다. 그 돈까지 모두 합하니 정말 신기하게도 수술비 전액과 정확히 맞아떨어졌다.

그해 크리스마스 다음 날, 철이 엄마는 수술을 마치고 건강을 되찾았다. 그 다음해에는 귀화시험까지 무사히 치러서 이제는 어엿한 대한민국 국민이다. 20년 가까이 지난 지금, 철이는 군복무까지 무사히 마친 후 어엿한 사회인이 되었다. 그 아이는 지금도 내게 말한다. 지금까지 받았던 크리스마스 선물 중 최고의 크리스마스 선물이었다고.

기적은 있다

지역아동센터 문 앞에서 철이와 마주친 나는 그 아이의 신발이 내내 마음에 걸렸다. 구멍이 숭숭 뚫린 신발 안에는 걸어오면서 들어간 차가운 눈가루와 얼음이 가득했다.

나는 그 길로 단골 신발가게를 찾아갔다. 남자아이의 발 치수를 얘기했더니 신발가게 사장님이 의아한 듯 쳐다본다. 우리 가족을 잘 아는 분인지라 내게 물어보는 것이다. 나는 이러저러한 사정으로 센터의 아이 신발을 사는 것이라고 얘기했다. 신발가게 사장님은 내게 운동화값을 반만 내라고 했다. 좋은 일 하는데 자기도 보태고 싶다면서. 난 그날 운동화값으로 3만 원을 지불했다.

센터에 돌아와서는 다른 곳에서 후원이 들어왔다며 철이에게 신겨주었다. 물론 철이 외에도 아이들이 더 있었지만 철이의 사이즈와 꼭 맞는다며 안겨준 것이었다. 철이는 그날 저녁 새 운동화를 신고 눈밭을 걸어서 귀가할 수 있었다.

그 다음 날, 신발가게 옆에 있는 약국에서 전화가 왔다. 잠시 들르라는 것이다. 영문도 모르고 약국에 갔더니 약사님이 내게

30만 원이 든 봉투를 내미는 것이다. 옆집 신발가게에서 들었다며, 좋은 일 하니까 자신도 돕고 싶다며 그 돈을 준비해준 것이다. 이 돈으로 지역센터 아이들 눈썰매장이라도 데리고 가란다. 나는 정말 감사한 마음으로 그 돈을 받았다. 그 겨울, 지역아동센터 아이들은 눈썰매장에 가서 정말 잘 놀 수 있었다.

그러다 그 며칠 후, 모 대학에서 학생들을 가르치다가 은퇴하신 노교수님이 나를 찾아왔다. 꽤 먼 고장에 사시던 분이었는데 물어물어서 대중교통을 이용해 내가 있는 곳까지 오신 것이었다. 그분은 내가 블로그에 올린 글을 봤다며 직접 그 멀리까지 찾아오신 것이었다. 당시에는 소소하게 블로그를 운영하고 있었는데, 그걸 좋게 보신 모양이다.

노교수님 또한 내게 두툼한 봉투를 내밀었다. 좋은 일 하는데 보태고 싶단다. 나는 그 돈을 감사하게 받아서 좋은 일에 쓰기로 했다. 지역아동센터 내 직원들과 상의를 하여 그 돈으로 난방공사를 하기로 했다.

그때까지만 해도 지역아동센터는 상가 2층에 있었기 때문에 바닥난방이 되지 않아서 무척 추웠다. 장판이 깔려 있는 바닥에서 생활하는 구조로 되어있었지만 바닥난방이 되지 않아서 늘 석유난로 하나에 의지해서 지내고 있었다. 실내화를 신어도 춥고 발이 시렸다. 그래서 내친 김에 바닥 난방공사를 하기로 한 것이다. 노교수님이 주신 3백만 원은 그렇게 귀하게 쓰였다. 그 공사 이후로 지역아동센터는 더이상 추운 곳이 아니었다.

일련의 일들을 곰곰히 되새겨보면 모두가 기적이다. 철이의 구멍 숭숭 뚫린 신발이 내 눈에 띈 것도, 그 길로 3만 원만 투자해 철이의 운동화를 살 수 있게 된 것도, 그 3만 원이 기적을 낳아서 약국에서 눈썰매장을 보내준 것도, 또 노교수님의 지원을 받아서 바닥난방공사를 할 수 있게 된 것도…….
 세상은 아직 따뜻하다. 그래서 난 사람이 좋다. 결국 사람의 향기는 그 어떤 것보다도 향기로우니까. 아직은 살 만한 세상이다.

밥 굶는 아이의 뒷이야기

아빠가 변하다

앞에서 소개했던 영이라는 아이에 대한 뒷이야기이다. 아빠의 무관심에 밥도 굶고 늦은 시간까지 동네를 배회하던 9살 여자아이.

나의 관심과 담임선생님의 추천장, 지역아동센터 선생님들의 열린 마음으로 방학 전부터 지역아동센터를 다니게 된 영이가 조금씩 밝아지는 것을 보며 안심이 되었다. 지역아동센터에 처음 갔을 때만 하더라도 늘 표정은 우울하고 말이 없었다. 좋거나 나쁘거나 하는 감정표현조차도 없던 아이였다.

그러던 어느 날인가, 지역아동센터를 다닌 지 2주쯤 지났을 때였다. 수업을 마치고 교재를 정리하고 있는데 영이가 스스로 내게로 와서 어깨를 주무르는 것이 아닌가!

물론 그 전에 다른 아이가 내 어깨를 주무르는 것을 보고 곧바로 한 행동이기는 하지만, 제 스스로 뭔가 우러나서 한 행동이었기 때문에 나는 영이의 그런 변화가 너무 기뻤다. 스스로의 의지를 가지는 것이 무엇보다도 필요했던 아이였기 때문이다.

그 전까지는 절대 먼저 말을 걸어오던 법도 없던 아이가 먼저 다가와 인사를 하고 수업 중에 질문도 곧잘 하는 것이, 정말 많이 밝아졌다. 내가 뭔가 질문을 해도 "네?" 라며 먼저 반문하던 습관도 많이 없어졌다. 질문 후에 곧바로 대답으로 이어지는 말투에서도 영이의 불안감이 많이 사라진 것을 알 수 있었다.

두 달쯤 지난 후부터는, 기쁜 일을 보면 활짝 웃을 줄도 알았고 실수를 했을 때는 얼굴을 찌푸려 재미있는 표정을 지어보기도 했다. 학습능력에서도 현저히 떨어져 또래 아이들을 따라오지 못했는데, 그것 역시도 굉장히 빠른 속도로 진전되고 있었다. 이 모든 것들이 주변 어른들의 도움이라 생각하니 뿌듯하기만 했다.

게다가 더욱 반가운 것은 영이의 아빠가 변한 사실이었다. 이젠 남의 일처럼 방관하고 무관심하던 아빠가 아니었다. 훨씬 적극적으로 변한 아빠의 모습에서 그 가정의 희망이 보였다. 아니, 어쩌면 영이의 아빠는 천성적으로 자상하고 따뜻한 아빠였을 것이다. 그런 사람이었기에 이제 마음의 여유가 생기니 본성이 나오는 것이리라.

며칠 전에는 아빠가 직접 발라줬다며 발톱에 흰 매니큐어를 바르고 와서 자랑을 했다. 그런 자상한 아빠의 행동이 영이에게도 새로운 감정을 불러왔나보다.

우리 셋째의 생일날에 내가 영이를 데려와서 놀고 저녁에 데려다준 일이 있는데, 그때 영이의 아빠가 내 핸드폰으로 문자를 보냈었다. 셋째의 생일을 축하한다고. 보통의 남자들이 보일 수 없는 자상한 영이 아빠의 모습에, 그런 태도의 아빠가 있는 한 영이가 전처럼 방치되는 일은 없지 싶었다.

세상이 변화되다

그런 사실 말고도 내가 무엇보다도 기쁜 것이 있다면, 영이의 일로 인해 다른 아이들까지도 도움의 손길을 받게 된 것이었다.

내가 자주 가는 인터넷카페에 올린 사연을 본 한 남자분이 영이를 돕고 싶다며 연락을 해온 것이었다. 아직 미혼인 젊은 남자분이었는데, 난 그분과 따로 만나서 어떻게 도움을 줄 수 있을지 의논을 했다.

그분은 처음에 돈으로 돕고 싶다는 뜻을 밝혔으나 그것은 아닌 것 같아서 고개를 내저었다. 돈을 준다면 아이나 아빠가 써버리면 그만이기에 별로 좋은 방법은 아니었다. 그렇다고 그 아이의 급식비를 내준다는 것도 반대였다. 어차피 지역아동센터의 특성상 급식비는 정부에서 나온다.

그래서 마지막으로 생각해낸 방법이 '키다리 아저씨'가 되는 것이었다. 한 달에 한 번 정도 손으로 쓴 편지를 직접 보내 그 아이에게 관심을 보여주는 것이다. 많은 돈은 필요 없고, 딱 문화상품권 만 원짜리 한 장이면 그보다 더 큰 선물이 없을 것이라는 말도 전했다.

아이가 스스로 쓸 수 있는 문화상품권이 생기면 그 자체로도 기쁠 것이고, 주는 사람도 꾸준히 할 수 있을 정도로 부담이 없으니 괜찮을 것이라는 내 의견에 그분도 따라주었다.

지역아동센터에서는 영이에게만 편지가 오면 이상하다며, 방학을 이용해 아이들 전체에게 지역아동센터를 후원하는 단체에 감사편지를 쓰게 했고, 영이에게만 그에 대한 답장이 온 것처럼 해서 자연스럽게 편지를 전달했다고 한다.

영이를 후원해주시는 그분은 지난달쯤, 김포에서부터 직접 인천까지 와서 먼발치로 그 아이를 보고 갔다. 그리고는 그 아이는 물론 지역아동센터에 한 달에 15만 원 상당의 책도 꾸준히 기증해주고 계신다. 어떻게 그렇게 도움을 주실 수 있냐고 물으니, "제가 좀 여력이 됩니다."라는 말을 하며 허허 웃고 마셨다. 참 고마운 분이다.

게다가 그분이 하려고 하는 일 중에 또 하나. 지역아동센터에서 알게 된 다른 아이를 개인적으로 또 후원해주시겠다고 하신 것이다.

중학생인 남자아이였는데, 아버지는 병으로 인해 일을 못하시고 어머니 혼자 벌어서 힘든 살림을 꾸려가는 형편이었다. 하지만 그 아이는 공부가 너무 하고 싶고 하려는 의지가 상당해서 어떻게든 공부를 하고 싶은데 여력이 되지 않는다는 것이었다. 그 말을 들은 그분이 그 자리에서 선뜻 나서시며 따로 그 남학생과의 만남을 주선하라고 주문하신 것이다.

그 아이가 맘껏 공부를 할 수 있도록 적극적으로 도와주겠다는 뜻을 밝히셨고 또 직접 행하실 계획이다.

나의 작은 관심으로 시작된 일이 결국 세상을 바꾸는 초석이 되었다. 누구를 돕고자 한다면 반드시 돈이 아니어도 좋다. 내가 가진 지식을 나눌 수도 있고, 내가 가진 마음을 나눌 수도 있다. 내가 가진 관심 하나만으로도 이렇게 좋은 결과를 가져올 수 있다.

아직도 세상엔 아름다운 사람들이 참 많다. 그래서 더욱 살만한 가치가 있는 곳인 것 같다.

12년 후의 영이

초등학교 2학년 때 만나서 그 이후로 12년이 흐른 어느 날이다. '코로나'라는 신종바이러스 질환으로 인해 전 세계가 몸살을 앓을 때, 성인이 된 영이를 다시 만났다.

처음에는 영이의 상태에 대해 함께 의논해주고 변화를 보여주었던 영이의 아버지는 새로운 배우자를 만나면서 몰라보게 변화되었다. 영이와 영이의 오빠는 다시 아버지로부터 외면당했고, 그렇게 두 아이들은 험난한 세상에 버려졌다.

영이의 오빠는 중학교를 자퇴한 후 어디론가 사라져서 행방을 알 수 없었고 영이 또한 지역아동센터가 없었다면 어떻게 되었을지 알 수 없었다. 결국 영이는 6학년이 된 후부터 여러 집을 전전하다가, 초등학교의 마지막 겨울을 우리 집에서 지내게 되었다.

첫눈이 온 후 유독 쌀쌀해진 어느 날, 영이 아버지에게서 연락이 왔다. 아이를 더이상 데리고 있을 수 없으니 나더러 좀 맡아달란다. 새로운 배우자와 그 배우자의 자녀들과의 불화 때문에 영이를 데리고 있을 수가 없다면서.

당시 6학년 담임선생님은 사실을 알고 분노하면서 펄펄 뛰었다. 하지만 난 당분간 아이를 맡기로 했다. 법적으로는 그 어떤 울타리도 되어줄 수 없었지만 담임선생님과 지역아동센터 센터장 등의 비호(?) 아래 영이를 식구로 받아들였다.

거의 두 달 가까이 우리 집에서 지내던 영이는 기독교재단의 한 사회복지단체의 도움으로 기숙형 학교에 입소를 할 수 있었다. 나중에 알고 보니 지역아동센터를 통해 '키다리아저씨'를 해주었던 분의 도움을 받은 것이었다.

그곳에서 지니며 중학교와 고등학교를 졸업한 영이와는 자연스럽게 멀어지며 소식이 끊어졌다. 그러다가 20살, 대학생이 된 아이를 다시 만난 것이다.

키도 크고 늘씬하고 예쁜 아가씨가 현관문을 열고 집에 들어서는데, 정말 반가웠다. 어릴 때의 얼굴이 그대로 남아있었고 오히려 더 밝아지고 예뻐졌다. 조용하고 온순한 성격은 그대로였다.

"그때 선생님이 해주셨던 따뜻한 한 끼의 식사가 지금의 저를 있게 했어요."

영이는 초등학교 시절에 받았던 따뜻한 마음을 기억하고 있었다. 그러고는 "저 잘 살아왔어요. 저 괜찮아요"를 알려주러 나를 찾아온 것이다. 그 마음 하나만으로 난 그간의 시름이 다 사라졌다.

이 지면에는 다 싣지 못했지만 사실 그동안 나를 거쳐간 아이들이 꽤 많다. 우리 집에서 함께 살면서 숙식을 해결한 아이도 몇이나 되고 매일 출퇴근하다시피 한 아이도 있다. 어떤 아이는(당시 15살) 우리 집에서 며칠 자고 나서는 집안에 있는 돈을 모두 훔쳐서 도망가기도 했다. 결국 그 아이는 다른 곳에서도 돈을 훔쳐서 청소년보호감호소에 들어가고 말았다.

형편도 힘들고 집도 좁았지만 늘 우리 집에는 아이들 손님이 들끓었다. 우리 집을 방앗간 삼아 잠깐씩 들르는 아이들, 우리 집에서 며칠 지내다가 단기 또는 중장기쉼터로 보내지는 아이들, 부모의 방임 때문에 낮 동안만 우리 집에서 보호를 받는 아이들 등 다양했다.

그 아이들 대부분은 우리 첫째부터 넷째까지의 친구들이었다. 부모의 성향을 그대로 물려받은 아이들은 제 친구들 중에서 그런 환경에 처한 친구들을 귀신같이 찾아내어 집으로 데리고 왔다. 우리 집에서는 그 어떤 아이라도 환영해준다는 것을 직감적으로 알았던 듯하다.

크리스마스의 감동

가장 비참했던 크리스마스

2000년 초 어느 해 크리스마스였다. TV에서는 30년 만에 찾아온 최악의 추위라며 꽁꽁 얼어붙은 한강의 풍경을 내보내주고 있었다. 밖에는 함박눈이 펑펑 내리고 크리스마스를 맞이한 거리 풍경은 활기와 기쁨이 가득한 연인들의 세상이었다. 그 축제의 한가운데서 우리 가족은 가장 춥고 서러운 크리스마스를 보내야만 했다.

사업실패로 인해 모든 것을 다 잃은 후, 고향을 등지고 무작정 상경한 지 2년 만에 또다시 가장 비참한 현실을 맞이하고 난 것이다. 건축설비 자격증을 따고 가게를 낸 지 얼마 되지 않은 우리에게 현실은 참 가혹했다. 업주가 우리에게 일을 주고 시키면서도 제대로 수금을 해주지 않았던 것이다.

그나마 조금씩 들어오는 돈은 바로바로 빚을 갚았고, 우리 수중에는 늘 여윳돈이 없었다. 그렇기에 가족 중 누군가 아프기라도 하면 치료할 돈조차 구하기 힘들었다. 하지만 우리는 늘 긍정적으로 생각하고 살아가려 노력했다.

　수금이 어려워 힘들어하는 남편을 위해 난 한 번도 돈을 가져오라며 다그치지 않았고, 남편 또한 가족을 부양하기 위해 아픈 다리로 묵묵히 일을 했다. 막내가 너무 어려서 젖을 먹이느라 떼어놓을 수 없었던 나는 아기를 데리고 가까운 가내수공업 공장으로 일을 나가고 있었다. 하루하루가 힘들면서도, 그래도 가장 활기찼던 때가 아니었나 싶다.

　그해 겨울은 왜 그리도 잔혹하게 추웠는지, 또 왜 그리도 가난하고 힘이 들었던지. 지금 생각해도 아련한 아픔이 느껴지는 시절이다.

　당시에 우리가 세 들어 살던 집 외벽을 따라 곰팡이가 잔뜩 피어 있었는데, 시커먼 곰팡이는 당시 4살과 1살이던 우리 집 꼬마들의 기관지와 폐를 망가뜨리고 말았다.

　아이들이 아프기 전에 집주인에게 집을 수리해달라고 청했지만, 집주인은 야박하게도 우리의 말을 무시해버렸다. 여태 세입자들이 한 번도 곰팡이 슨다고 말을 한 적이 없었다는 것이다. 그러면서 오히려 우리에게 집을 망가뜨렸다고 책임전가를 해버렸다.

　그렇다고 우리가 자비를 들여서 집을 고칠 형편도 되지 못했고, 매일 불안한 와중에서도 그 집에서 먹고 자고 생활을 해야만 했다. 결국 아이들은 겨울이 시작되자마자 감기를 달고 살았고, 급기야 폐렴으로 인해 대학병원에 입원까지 하고 말았다.

　아이들 둘을 병원에 입원시켜놓고 난 혼자서 두 병상을 오가며 간호를 해야 했다. 그동안 내가 벌어서 조금씩 모아놓았던 돈은 아이들 병원 다니느라 다 써버린 후였다.

　남편은 아이들 병원비를 벌어보겠다며 장애를 가진 한쪽 다리를 이끌고 서울까지 일을 다녔다. 집에 남은 첫째와 둘째는 제 스스로 밥을 해먹으며 저녁마다 아빠와 함께 추운 집을 지켰다.

설상가상이라고, 우리의 불행은 여기서 끝나지 않았다. 다리가 불편한 남편이 병원비를 벌겠다고 열흘 넘게 남의 일을 다녔는데, 업주가 그동안의 인건비를 한 푼도 주지 않고 그만 도망을 쳐버린 것이다. 일을 해주고도 돈을 받지 못한 사람이 우리 남편만은 아니었지만, 남편은 유일하게 버티던 희망이 사라지자 그대로 주저앉고 말았다.

성하지 않던 다리로 그동안 기를 쓰고 일을 다녔었는데, 상실감까지 겹친 몸은 결국 탈이 나고 말았던 것이다. 낮은 문턱 하나 제대로 넘을 수 없을 정도로 다리가 아프고 힘들었던 남편은 속으로 무수히 많은 피눈물을 흘렸을 것이다. 병원에 있던 나는 그런 사정도 모르고, 아이들 퇴원날짜가 되었는데도 병원에 오지 않는 남편을 원망하고 있었다.

당시 아이들 둘의 일주일 병원비가 100만 원이었다. 다자녀의 병원비 혜택이 시행되기 전이라 병원비는 고스란히 우리의 책임이었다. 그 다음 해부터 우리는 다자녀 혜택을 받아서 병원비를 할인받을 수 있었다.

완치가 아닌, 단지 상태가 좋아져서 통원치료가 가능하니 그만 퇴원하라는 병원의 말에 크리스마스를 앞두고 가퇴원을 했다. 아이들을 퇴원시키러 온 남편은 아픈 다리를 질질 끌면서 택시를 타고 왔다. 버스에 오를 수조차 없는 몸상태였던 것이다. 병원비와 택시비는 지인에게 빌렸다고 했다.

택시를 타고 집에 돌아왔지만 막상 닥친 현실은 더욱 처참했다. 병원비며 생활비를 벌고자 며칠 일을 나갔던 남편은 탈이 나서 꼼짝도 못한 채 누워있고, 돈 한 푼도 없는 집은 시베리아 벌판보다도 더 추웠다.

당시에 살던 집이 기름보일러였는데, 보일러에 기름도 바닥났다. 쌀 포대도 완전 바닥이 드러나 당장 그날 저녁 끼니가 걱정일 정도였다. 여태까지 쌀을 아껴먹느라 집에 있던 남편과 첫째, 둘째는 밥조차 제대로 먹고 있지 못했다는 걸 비로소 알았다.

크리스마스를 하루 앞둔 그날, 밖에는 소담스러운 함박눈이 내리고 있었지만 우리 집은 눈송이보다 더욱 큰 슬픔과 절망이 방울방울 내리고 있었다. 막막한 현실 앞에서 눈물이 솟구쳤지만 울 수가 없었다. 그나마 온전한 상태인 내가 울어버리면 가족들 모두 버텨낼 힘이 없을 것 같았기 때문이다.

난 정신을 차려 우선 장롱 깊숙이 넣어놨던 옥장판을 꺼냈다. 언젠가 시누이가 주었던 옥장판이었다. 이것마저 받지 않았더라면 어땠을까 하는 생각이 들었다. 우선 그걸 바닥에 깔고 여섯 가족이 옹기종기 모여앉았다. 하지만 차디찬 공기 때문인지 장판 위에 이불을 뒤집어쓰고 있어도 춥기는 마찬가지였다. 옷을 몇 겹으로 껴입어도 집안은 얼음의 한복판에 놓인 것처럼 시리기만 할 뿐이었다.

아이들이 희망이다

그날 저녁, 우리 가족은 크리스마스이브를 맞이했다. 가난한 사람들에게 크리스마스는 축제가 아니라 절망일 수도 있다는 걸 그때 알았다. 내가 조금만 더 뻔뻔하거나 숫기가 있는 사람이었다면, 나가서 아는 사람 몇이라도 붙잡고 도와달라고 했을지 모른다. 남이 아니라면 친정이나 시가 쪽에 얘기해도 도움을 주었을 것이다.

하지만 난 그러지 못했다. 아니, 그럴 수가 없었다. 최악의 상황까지 치달은 그 절망감은 도저히 남의 도움을 받을 정도로 마음의 여유를 가질 수조차 없었다. 당장 도움은 받겠지만 그들이 주는 경멸의 눈초리를 견딜 자신이 없었다는 것이 더 정확할 것이다. 잘잘못을 떠나 지독히 가난하게 사는 이들에 대한 경멸은 친인척이라고 해서 크게 다르지 않았으니까…….

갚을 능력도 되지 않으면서 무작정 돈을 빌릴 수도 없었다. 이미 병원비를 내느라 빌린 100만 원도 언제 갚을지 가망이 없는 상태에서 또 아쉬운 소리를 하기는 싫었다.

그렇게 융통성도 없는 나는 아픈 남편, 역시 아픈 두 아이들, 그리고 꾀죄죄한 큰 아이들을 보며 한숨을 내쉬었다. 내가 정신을 차리지 않으면 우리 가족 모두 죽을 수도 있겠다는 생각이 들었다. 하지만 희망을 찾으려야 찾을 수가 없었다. 우리 부부는 서로를 절망의 눈빛으로 바라보았다.

그때였다. 우리의 불안한 눈빛을 본 모양이다. 첫째가 갑자기 다가오더니 크리스마스 파티를 하자고 했다.

"엄마, 그래도 크리스마스이브인데 우리 그냥 이렇게 보내기 억울하잖아. 우리 간소하게라도 상 차려서 파티하자. 내가 준비해 볼게."

당시 초등학교 6학년이었던 첫째가 나를 보며 눈을 빛냈다. 그 눈빛에는 너무 많은 말들이 숨어있었다. "엄마, 우리 죽지 마. 우리 살자." "우리 조금만 더 힘내." "우리 함께 이겨내 보자." 등.

13살 딸아이의 그 눈빛 덕분에 나는 정신을 차릴 수 있었다.

난 희미하게 웃으며 고개를 끄덕였다. 그러자 첫째가 냉장고를 뒤져 먹을 만한 것들을 찾아내 모두 꺼내놓았다. 둘째는 제 방으로 가서 저금통을 뜯었다. 작은 저금통 안에는 그동안 다 꺼내서 쓰고 십 원짜리 몇 개 남은 것이 다였지만, 그것을 합치니

1,300원 정도 되었다.

첫째가 냉장고에서 꺼내놓은 것은, 며칠 전에 누가 주었던 가래떡과 밀가루였다. 난 그것들을 가지고 음식을 만들기 시작했다. 가래떡으로는 야채나 고명도 없이 양념만으로 떡볶이를 만들었고, 밀가루를 풀어 김치를 쫑쫑 썰어서 김치전을 부쳤다. 그리고 어딘가에 굴러다니던 고구마를 찾아서 몇 개는 삶고 몇 개는 튀겨서 맛탕을 만들었다.

내가 그렇게 음식을 만드는 사이, 첫째와 둘째는 가까운 마트로 뛰어가 생크림과 카스텔라빵을 사가지고 왔다. 두 아이는 내가 삶아놓은 고구마를 으깨어 자신들이 사가지고 온 것들과 함께 뭔가를 만들었다. 능숙하지는 않은 솜씨였지만 아이들의 손을 통해 세상에 하나뿐인 고구마케이크가 완성되었다.

삶은 고구마와 카스텔라 빵을 켜켜이 쌓아 올려 생크림을 바른 빵은 제법 모양이 그럴듯했다. 언젠가 쓰고 두었던 케이크 초를 꺼내 그 위에 꽂았다. 그러자 그 어떤 만찬보다도 훌륭한 우리의 크리스마스 파티상이 마련되었다.

우리 가족은 그 소박한 상에 둘러앉았다. 엉덩이를 밀면서 방바닥을 기어서 나온 남편, 기침을 콜록콜록 해대며 솜이불로 몸을 감싼 셋째와 넷째, 케이크 만드느라 꽁꽁 얼어버린 손을 호호 불며 앉은 첫째와 둘째, 그리고 나.

이렇게 모인 우리 여섯 식구는 세상에서 가장 귀한 케이크에 오른 촛불을 함께 불며 크리스마스 캐럴을 불렀다. 그리고 모두 함께 엉엉 소리 내어 울어버렸다. 남편과 내가 그렇게 아이들 앞에서 오열을 하며 울어버린 건 그때가 처음이었다. 사업에 실패해서 모든 걸 다 잃었을 때도, 고향을 떠나올 때도 속으로 울음을 삼켰던 우리였다. 하지만 그날은 도저히 울음을 참을 수 없었다.

어른들이 우는 이유를 정확히 알지도 못하는 셋째와 넷째까지 함께 울어버리는 통에, 우리 여섯 식구는 한참 동안 꺽꺽 울기만 했다. 하지만 그것은 희망의 눈물이었다. 사랑의 눈물이었다. 더는 떨어질 수 없을 것만 같은 깊은 수렁에서 마지막 힘을 다해 서로를 부둥켜안은 우리는 새로운 빛을 발견했다. 그것은 바로 가족들의 사랑이었다. 그리고 그 사랑은 첫째와 둘째, 즉 우리 아이들로부터 시작된 것이었다.

우리는 그날 크리스마스이브를 지내면서 다시는 이렇게 울지 말자고 다짐했다. 함께 맞잡은 우리의 손은 새로운 다짐을 하며 서로의 눈물을 닦아주었다.

그 힘든 시기를 함께 보냈던 첫째와 둘째는, 너무 일찍 철이 들어버리긴 했지만 우리 부부에게 있어 가장 든든한 빽이 되었다. 비록 가장 힘든 시기이긴 했지만, 아이들에게 그런 경험을 시킨 것을 후회하지는 않는다. 돈으로도 살 수 없는 가장 소중한 가치를 아이들에게 가르칠 수 있었기 때문이었다.

주변의 사랑

그로부터 이틀 후, 아이들이 아픈 이후로 거의 한 달 이상을 바깥출입을 하지 못했던 나를 찾으러 성당에서 수녀님이 오셨다. 아이 넷을 데리고 늘 성당을 나오던 사람이 보이지 않아 궁금해서 왔다고 했다. 현관문을 열고 안을 들여다보신 수녀님은 우리 집의 형편을 보자마자 바로 성당으로 뛰어가서 돈을 마련해오셨다. 그 돈으로 우선 보일러에 기름을 넣을 수 있었다.

그러자 이웃에 사시는 어르신이 달려와서는 자신이 먹던 쌀을

퍼서 가지고 오셨다. 몸이 불편하셨던 그분은 쌀을 들고 올 수가 없어서 수레에 담아 끌고 오시면서도 힘든 내색이 없었다. 그 쌀로 우리는 모처럼 따뜻한 밥을 해먹을 수 있었다.

그 이후로 다른 분들의 도움으로 아픈 남편이 병원을 다닐 수 있었고, 다행히 단순한 염증소견을 보인다는 진단을 받아 무릎은 몇 주 만에 치료가 되었다. 추운 방에서 지내느라 염증이 더욱 심해졌다는 말을 들으며, 고통을 홀로 참았을 남편에게 무척 미안했다.

그 겨울의 끝, 설날이 되어 큰집에 가야 했는데 형편이 힘들었던 우리는 형제들에게 거짓말을 해야만 했다. 아이가 아파서 가지 못한다고. 아마 지금까지도 형님들은 모를 것이다. 그 당시에 우리가 내려갈 차비가 없어서 가지 못했다는 걸.

그렇게 추운 겨울을 지내고 난 후, 봄이 오면서 남편이나 아이들도 건강해졌다. 다시 일을 시작한 우리들은 곧 빚진 병원비를 갚을 수 있었다. 암흑기와도 같았던 그 겨울의 흔적은 따뜻한 봄과 함께 흔적도 없이 사라져버렸다.

하지만 첫째와 둘째는 지금도 기억하고 있다. 그때 얼마나 힘이 들었고 고생을 했는지. 그리고 그 기억은 감사하게도 이 아이들에게 고통보다는 자산으로 남아있다. 또 당시에 우리를 도와주셨던 분들을 기억하며, 아이들이 자라면 꼭 남을 돕는 삶을 살 것이라는 다짐도 하고 있다.

남을 돕는 방법에 있어 반드시 돈만 필요한 것이 아니라는 사실을 일찍 깨달은 아이들은, 오늘도 불쌍한 사람들을 보면 함께 울어주며 도울 방법을 찾을 줄 아는, 따뜻한 심성을 가진 아이들로 자라서 지금은 모두 성인이 되었다.

현재의 이야기, 묵은 이야기들은 다음 장에서 자세히 다루도록 한다.

5장 엄마

내 엄마

엄마가 된 나

엄마가 될 내 아이들을 위하여

노년의 부모 세대

대물림되는 부모의 기질

1940년생인 친정엄마는 10살에 한국전쟁을 겪으셨고 그 이후로 격동하는 현대사를 관통하며 살아오신 분이다. 그 시대의 어른들이 그러하듯 억척스럽고 생활력이 강하다. 그럼에도 매사에 긍정적이면서도 온순한 성격 덕분에 85세인 지금도 주변에 사람이 많다.

80세가 될 때까지 아파트 청소용역을 하신 엄마는 몸도 마음도 참 건강한 분이다. 지금은 연세 때문에 조심하고 있기는 하지만, 작년까지만 해도 300평 정도 되는 텃밭을 가꾸실 정도로 활동적이셨다.

살면서 여러모로 엄마의 속을 썩혀드렸지만 딱히 꾸지람들은 기억이 없는데, 유독 한 가지 기억만은 또렷하다. 바로 셋째가 '천사날개'를 달았던 그 사고 때의 일이다. 그네를 타던 중학생에 의해 쇄골뼈를 다친 사건(1장 '틱 장애'편 참고)을 말씀드린 후 엄마에게 된통 혼이 났던 것이다.

"그 중학생 아이 연락처는 받았어?"

"아니? 왜? 치료비 내놓으라고?"

"그게 아니지. 그 아이에게 경과를 알려줬어야지."

"내가 왜? 그 아이 입장에서는 치료비를 안 받는 것만으로도 다행인 거 아냐?"

"그 아이는 앞으로 평생 놀이터에 갈 때마다 자신이 한 일 때문에 상처를 받을 거 아냐. 꼬맹이가 자기 발에 걸려서 공중으로 날아갔는데 그 충격이 얼마나 크겠어? 그러니까 그 애 연락처를 받아놨다가 괜찮다고, 우리 아이 아무렇지도 않다고 알려줬어야 하는 거야. 그래서 그 중학생 아이도 마음의 상처 없이 잘 클 수 있는 거라고."

그랬다. 친정엄마는 이런 분이셨다. 나는 내 아이만 피해자라고, 다친 내 아이만 업고 병원으로 달려가기 바빴는데 엄마는 한 수 앞을 더 내다보신 것이다.

그 일을 겪은 후 난 좀 더 침착해지기로 다짐했다. 당장 눈앞의 것만을 보지 말고 조금 더 여유있게 주변을 살피자고. 그 덕에 최근에는 버스에서 쓰러진 아이를 돌보다가 무사히 119에 인계한 일도 있었다.

넷째와 함께 시내버스를 타고 가는 도중, 하차문 앞에 서있던 여고생이 갑자기 거친 숨을 내쉬더니 스르르 쓰러졌다. 버스에는 사람들이 꽤 많이 타고 있었지만 어느 누구도 나서서 학생을 도와주지 않았다. 근처에 있던 나와 넷째가 나서서 학생을 도왔다.

일단 학생의 가방을 바닥에 깔고 머리를 그 위로 눕혔다. 손을 잡았더니 얼음장 같았다. 식은땀을 흘리는 학생의 의식을 확인하기 위해 계속 말을 걸었다. 학생은 정신을 차린 듯 눈을 떴지만 눈동자가 뒤로 돌아가서 거의 보이지 않았다. 버스기사님께 얘기를 해자 기사님이 정류소에 버스를 멈추고 바로 119에 신고를 했다.

119가 도착할 때까지 나는 계속해서 학생의 의식을 확인했고 넷째는 학생의 손과 팔을 주무르며 말을 걸었다. 다행히 조금씩 정신을 차린 학생은 119대원이 도착한 후 무사히 인계를 할 수 있었다.

위기에 처한 사람을 보고 그냥 지나치지 않고 도왔다는 것. 그리고 그것이 이제 막 성인이 된 나의 넷째아이라는 것. 그것이 자랑스러웠다. 적어도 남을 도울 줄 아는 사람으로 잘 자라주었다는 게 되니까.

격동의 시대를 살아온 세대가 그렇듯 엄마의 삶 역시 결코 녹록지 않았다. 뛰어난 문장가에다 한의사였던 외할아버지는 늘 방에서 글만 읽으시며 집안 살림은 나 몰라라 하셨다고 한다. 집에 쌀이 떨어지는지도 모를 정도로 한량이셨다고 하니, 그 가정에서 자랐을 자녀들이 얼마나 고단했던지 미루어 짐작할 수 있다.

또한 그런 환경에서 살림을 꾸려 가셨던 외할머니는 남아선호 사상이 유독 강하신 분이었기에 막내딸로 태어난 나의 친정엄마를 지독히 구박하셨다. 내가 어른이 될 때까지 외할머니가 살아계셨는데, 외할머니의 그런 사상은 나와 내 남동생을 차별하면서 확연히 드러났기에 굳이 엄마의 입을 통해 듣지 않아도 알고 있는 것이었다.

엄마는 외할머니의 그런 구박이 너무 힘이 들어서, 어린 시절 언니들과 더불어 죽자고 다짐까지 했었다고 한다.

예전에는 식구들이 많아서 김장을 할 때 가짓수도 많이 하고 양도 많이 해서 짚으로 집을 만들어 독을 바닥에 묻었는데, 바로 그때 엄마는 이모들과 함께 죽을 생각으로 김칫독을 털었다고 한다. 어차피 죽을 작정이니 막 담은 김장김치나 골고루 먹어보자는 철없는 생각을 가진 엄마와 이모들은, 결국 그날 김치항아리를 열어 골고루 다 집어먹고는 배가 불러서 잠이 들었다가 외할머니한테 죽도록 맞았다고 한다.

엄마는 그 길로 집을 뛰쳐나와 29살의, 당시로서는 다소 많은 나이에 결혼을 하기까지 남의 집을 전전하셨다.

그렇게 우울하고 힘든 세월을 보내셨던 엄마는 자식에게만은 그런 차별을 물려주지 않으려 많이 노력하셨다. 아들 셋에 딸이나 하나였기에 더욱 차별하지 않으셨겠지만, 사랑을 받지 못하고 자랐던 당신의 어린 시절을 생각해 자식들을 더욱 아끼고 사랑하고 많이 표현하셨다.

물론 말로는 한 번도 드러내놓고 표현하신 적이 없다. 다만 자식들을 위해 손수 만든 음식들로, 또 손수 만든 옷들로 대신 사랑을 보이신 것이 다이다.

어쩌면 엄마도 외할머니처럼 자식들에게 상처와 고통만 줄 수도 있었을 것이다. 하지만 엄마는 당신이 살았던 삶을 자식들이 똑같이 겪게 하고 싶지 않으셨던 것이다. 그러기에 과감하게 과거의 상처에서 걸어 나와 자식들은 다른 길로 이끌 수 있었다. 그리고 그렇게 많은 사랑을 받고 자란 나는 엄마에게 받은 사랑을 주변에 퍼뜨릴 수 있는 사람으로 성장할 수 있었던 것이다.

한 사람의 변화는 주변의 많은 사람들을 변화시킨다. 특히 엄마처럼 상처가 많은 분들이 그 상처를 자식이나 남편에게 풀려고 하면 그 자식들 또한 똑같은 상처를 안은 채 살아가야 할 것이고, 또 그 자식들, 그리고 그 자식들의 배우자와 후손에게까지도 상처는 이어질 것이다. 하지만 엄마의 굳건한 의지력으로 인해 난 큰 힘을 들이지 않고도 사람을 사람으로서 대하는 법을 배웠다. 이것만은 내가 엄마께 두고두고 감사해야 할 점이었다.

트라우마(trauma)를 가진 시어머니

15년 전만 해도 심리와 관련된 말들은 보편적으로 사용되지 않았었다. 트라우마(trauma) 역시 마찬가지인데, 지금은 이 말이 아주 보편적으로 쓰이는 듯하다. 주지하다시피 트라우마란, 외상성신경증(外傷性神經症)이라고 하여 어린 시절의 학대나 충격이 성인이 된 이후까지도 영향을 미친다는 뜻의 정신의학용어이다.

나의 시어머니는 이런 심각한 트라우마를 가진 분이셨다. 그것도 주변 사람들 모두를 힘들게 할 정도로 정도가 심하신 분이시다. 그 깊은 사정까지 밝힐 수는 없지만, 시어머니가 이토록 오래 상처를 끌어안고 살아올 정도로 어린 시절이나 젊은 시절, 또는 나이가 먹었어도 그 누가 나서서 치료를 생각해보지 않았다는 것이 의심스러울 정도였다.

결혼을 해서 처음에는 시어머니의 이런 상처를 이해하지 못하고 내게 지독하게 하는 시어머니가 마냥 야속하기만 했다.

새벽이면 잠을 자지 못하게 신혼부부의 방문을 열고 동이 틀 때까지 걸터앉아서 계속 말을 하신다거나, 똑같은 말을 하루에 10번 이상 반복을 해서 귀에 딱지가 안도록 하신다거나, 심지어 뒤를 졸졸 따라다니면서 괴롭히는 일련의 행동들을 이해하지 못했다. 아니, 이해하려고 하지도 않았다. 시어머니로 인해 내가 받는 고통들이 너무 컸기 때문이다.

시어머니는 특히 말을 참 함부로 하셨는데, 뭔가에 화가 나서

욕을 할 때면 차마 옆에 있는 사람이 듣기에 민망할 정도로 심하게 하신다. 난 시어머니가 나를 향해, 인간의 기본적인 권리조차 무시한 채 치부를 다 드러낸 욕을 할 때면 정신이 멍해질 정도로 충격을 받고는 했다. 하지만 그런 상처들은 토해내지 못한 채 내 안에 차곡차곡 쌓이기만 했었다.

그러다가 우리가 도시로 이사를 나오고 시어머니 홀로 시골에 남게 되면서 시어머니는 비로소 외로움과 고독을 느끼신 듯하다. 당신 하고 싶은 대로 욕도 하고 괴롭히기도 하다가 그 상대가 없어지니 결국 병이 나신 것이다. 그 병은 치매를 동반한 우울증으로 나타나 결국에는 정든 고향을 떠나 우리 집으로 오시게 되었다.

물론 처음부터 우리 집에 오신 건 아니다. 6남매의 막내인 남편은 당시 사업실패로 인해 월세집을 전전할 때였고, 아이들이 많아 생활도 힘들었지만 시어머니는 함께 살았던 우리를 편하게 생각하시고 있고 싶어 하셨다. 할 수 없이 나는 셋째가 다섯 살, 넷째가 두 살이던 해에 시어머니의 병수발을 하게 되었다.

우리 집에 처음 오셨을 때 시어머니는 다리를 쓰지 못하여 화장실 출입도 할 수 없는 형편이었다. 그래서 나는 시어머니의 대소변 수발도 들었고, 매일 다리치료를 위해 침을 맞으러 한의원에 모시고 다녔다.

당시에 마침 보건소에서 무료로 대여해주는 휠체어를 빌려 시어머니를 태우고 다녔다. 등에는 젖먹이 막내를 업고, 휠체어 옆에는 다섯 살짜리 셋째를 걸리고 0.1톤의 몸무게에 육박하는 시어머니를 태우고 다니는 일이 결코 만만하지 않았다. 더구나 막 빚을 갚아나가고 있는 우리 형편이었기에, 아이들 밥을 굶기면서도 시어머니 병원은 모시고 다녀야 했다.

무엇보다 내가 힘이 들었던 것은, 밤마다 잠을 자지 않고 울면서 사람을 괴롭히는 시어머니의 병증이었다. 흔히 치매환자들은 낮에는 조용하고 밤에 활동하는 야행성이라고 한다. 우리 시어머니도 다르지 않아서 밤이면 잠을 자지 않고 온 가족을 괴롭혔다. 그 정도가 너무 심해서 이웃 사람들조차 잠을 자지 못했다.

한창 공부를 해야 했던 첫째와 둘째는 할머니에게 방도 빼앗긴데다가 잠도 자지 못해서 나에게 있는 대로 짜증을 냈다. 나 또한 밤에도 못 자고 낮에도 시어머니로 인해 시달리느라 스트레스가 가득한 상태였기에 아이들을 제대로 돌보지 못했다. 앞에서도 언급한 것처럼, 그 당시에 한창 인성이 자랐던 시기의 셋째가 가장 큰 상처를 받았던 것이다.

그러던 어느 날, 도저히 이대로는 견디지 못할 것 같아 용단을 내야만 했다. 내가 그런 생각을 하게 된 것은 내 아이들 때문이었다. 첫째와 둘째는 언제부턴가 내게 눈도 마주치지 않았고 아예 집에 들어오고 싶어 하지도 않았으며, 셋째는 늘 우울하고 불안해 보였다. 젖만 먹이면 조용히 놀던 순한 막내도 떼를 쓰는 일이 많아졌다.

아이들의 그 변화가 시어머니가 아닌 나로 인한 것이라는 걸 인식하게 되면서 난 내가 바뀌어야 한다는 걸 알았다.

그 즉시 난 아이들을 대하는 태도부터 바꿨다. 시어머니로 인해 아무리 힘들어도 아이들에게 나의 짜증을 전가하지 않았다. 아이들에게는 전처럼 사랑을 표현해주고 웃어주고 안아주었다. 그러면서 시어머니에게는 규율을 가르치기 시작했다.

아이들이 모두 나가고 없는 틈을 타서 시어머니를 하나씩 가르쳐나갔다. 물론 그러는 와중에 큰소리도 많이 오갔다. 시어머니가 내게 소리 지르고 욕을 하면 나도 똑같이 그 말을 받아쳤다. 그러면서 시어머니가 다른 말로 반박을 하지 못하게 꼬치꼬치 따지고 들었다.

어떨 때는 내 집에서 나가라는 심한 말까지 했다. 그 말은 시어머니에게 굉장히 충격이 컸을 것이다.

저녁에 퇴근한 남편이 돌아오면 시어머니는 아들을 잡고 하소연을 하기 바빴다. 하지만 아내를 믿어주었던 남편은 자신의 어머니임에도 내 편을 들어주었다. 남편의 그런 태도가 아니었다면 나는 견디기 힘들었을 것이다.

가끔 남편도 나를 향해 화도 내고 짜증도 냈지만 대부분은 나의 손을 들어주고 고생한다고 다독여주었기에 시어머니를 모시는 일이 가능했다. 그러지 않고 자기 엄마 말만 믿고 날 더 닦달하고 괴롭혔더라면 어떻게 되었을지 모르는 일이다. 당시 주변사람들이, 시어머니의 거짓말만 믿고 내 집에 와서 날 괴롭힌 일이 몇 번 있었지만 그래도 믿음직한 남편이 막아주었기에 견딜 수 있었다.

시어머니는 아들조차도 당신을 편들어주지 않자 조금 수그러들었다. 그 틈을 타서 난 더욱 시어머니를 나에게 익숙하도록 만들었다. 마치 아이를 달래듯 시어머니를 적당히 달래기도 하고 야단도 치자 시어머니는 차츰 아들보다는 내게 의지하기 시작했다. 그러면서 나는 시어머니의 과거 상처들을 알게 되었다.

그때 깨달은 사실 하나. 이런 트라우마는 절대 대물림하지 않아야겠다는 큰 결심이었다. 뫼비우스의 띠처럼 처음도 끝도 없이 되풀이되기만 하는 고통에서 언제까지 허덕일 수는 없었다.

나는 과감히 그 띠의 중간을 내 손으로 자르기로 했다. 그렇게 하지 않는다면 내 아이들도 똑같은 고통을 지닌 채 어른으로 성장할 것이기 때문이었다. 그것만은 절대 용납할 수 없었다. 그래서 난 시어머니와 아이들 모두에게 사랑을 가르치기 시작했다. 사랑의 힘이 얼마나 큰 기적을 불러오는지 알려주고 싶었다.

내 아이들을 대하듯 시어머니를 대했다. 안아주고 달래주고 노래도 불러주었다. 손톱, 발톱도 깎아주고 머리도 빗겨드렸다. 마치 어린 아이를 하나 더 기르는 것처럼 시어머니를 대했더니 그 결과는 얼마 지나지 않아 나타났다.

시어머니는 다리를 쓰지 못한 상태로 우리 집에 와서 두 달 만에 지팡이를 짚고 걸어서 나가셨다. 그리고는 그때 시골로 가시며 생전 처음으로 나를 향해, "나 때문에 고생 많았다."는 말씀을 하셨다. 시어머니에게서 생전 처음 들어본 칭찬이자 위로였다.

시어머니는 그 이후로 15년 정도를 더 사시다가 2018년 크리스마스 즈음에 돌아가셨다. 물론 그 사이에 여러 병원을 전전하기도 하고, 한 번은 '농약 쇼'를 벌여서 자식들을 모두 기함하게도 했다. 그렇지만 지금 와서 돌이켜보면 시어머니가 있었기에 내 삶이 지금의 자리까지 올 수 있지 않았을까 생각된다.

우리의 인생곡선은 결코 예쁜 능선이 될 수 없다는 말을 들은 적이 있다. 마치 심전도의 그래프처럼 삐쭉빼쭉하기도 하고 때로는 상상할 수 없을 정도로 거칠기도 하고……. 나의 인생곡선 역시 그러하다. 그렇지만 시어머니로 인해 인내를 배우고 배려를 익힐 수 있었다. 나보다는 남을 더 생각해볼 수 있는 기회도 있었다. 이 모든 것들이 나를 성장시키고 발전시켜서 지금의 내가 있는 것이다.

나의 이야기

나의 제자들

지역아동센터부터 시작해서 학생들을 가르치기 시작한 지가 벌써 15년이 넘었다. 지역아동센터에서 만났던 아주 어린 제자들부터 대학에서 만난 푸릇푸릇한 청춘의 제자들, 인문학강의에서 만난 90이 넘은 제자들까지. 그동안 만난 사람들도 참 다양하다.

아이들을 가르치기 시작하면서 내게 일어난 가장 큰 변화는, 아이들이 전부 내 아이처럼 사랑스럽다는 것이었다. 특히 지역아동센터에서 아이들을 가르칠 때 그랬다.

공부를 잘하는 아이나 또는 못하는 아이, 말썽꾸러기 아이나 착한 아이의 여부를 떠나 이 많은 아이들과 난 사랑에 빠져버렸다. 첫사랑의 설렘처럼, 아이들만 보면 가슴 가득 기쁨이 차올라 자꾸 쓰다듬고 안아주고만 싶고 이 아이들의 곁을 떠나기가 싫다. 어느새 이 아이들은 나에게 또 다른 자식들이 되어버린 것이다.

아이들을 가르친다는 것은 처음 생각처럼 마냥 쉽거나 즐겁기만 한 것은 아니었다. 수업을 하기 위해서는 바쁜 내 시간을 할애해서 수업준비를 해야만 했고, 아이들도 어찌나 말을 듣지 않는지 날 상대로 골탕을 먹이는 일까지도 있었다. 수업시간에 아예 책상 위에 올라가서 누워버리는 아이는 물론 물건을 집어던지는 아이도 있었다.

처음에는 이 아이들을 어떻게 대할까 고민하다가 강경하게 나가기로 했다. 야단을 칠 때는 호되게 치되, 사랑해줄 때는 또 아낌없이 표현을 하기로 했다.

대부분 그렇게 관심을 끌고 싶어 하는 아이들은 사랑이 고픈 경우가 많았다. 그래서 수업 시간에는 별로 차별을 두지 않았지만 수업이 끝나고 집에 올 때는 한 번 더 이름을 불러주고 한 번 더 안아주기도 했다. 그러자 아이가 나를 대하는 태도가 서서히 달라지기 시작했다.

아이들에게 있어 눈빛을 맞춰준다는 것, 이름을 불러준다는 것, 한 번 안아준다는 것의 의미는 상당히 컸다. 자신이 인정받고 있다는 자신감이 아이들 스스로를 밝게 만들어준다. 그런 아이들에게는 어른들의 작은 관심만 있으면 충분했다.

나이가 제법 든 제자들 역시 사랑스럽기는 마찬가지였다. 물리적인 나이를 떠나 내 앞에서 수업을 들을 때는 모두가 똑같은 학생이다. 초롱초롱한 눈빛을 보면 무척이나 사랑스럽다. 내 앞에 있는 대상이 아이든, 청년이든, 할아버지든 다 마찬가지다. 그들과 나는 교실에서만큼은 선생님과 학생이다.

나의 고민과 꿈

지역아동센터에서 하던 자원봉사를 그만둔 것은 대학원에 진학하면서부터였다. 42살이라는 늦은 나이에 대학원에 들어갔다. 늘 하고 싶었던 공부였으나 가정형편 때문에, 육아 때문에 등등의 이유로 미뤄오기만 했었다. 그러다 더는 미룰 수 없겠다고 생각한 것이 남편 때문이었다.

대학원에 가서 보다 체계화된 공부를 하고 싶은데 어떻게 할까 고민하던 내게 남편이 답을 주었다. 사실 당시의 우리 형편도 힘들었고 아이도 많은데 나까지 대학원에 다니면 가정경제를 오롯이 혼자 책임져야 하는 남편의 부담이 엄청났기에 망설였다.

"내가 대학원 박사까지 하면 한 학기에 500에서 600만 원이 드는데, 그 비용을 어떻게 하지? 또 그만큼 투자해서 배워서 과연 제대로 써먹을 수나 있을까?"

그런 고민을 하던 나에게 남편이 이러한 말로 용기를 주었다.

"배워서 써먹을 생각이면 대학원 안 가는 게 나아. 배워서 써먹는 거 말고, 공부 자체가 좋으면 그때는 가야지."

난 그 말을 듣고 마음을 다잡을 수 있었다. 난 배워서 써먹기 위해서가 아니라 공부 자체가 즐거웠으니까 대학원을 가야겠다.

"또 내 다리가 언제까지 버텨줄지 장담할 수가 없어. 아직은 내 다리가 고장나지 않고 잘 버텨주니까, 내가 벌어서 학비를 대줄 수 있을 때 가. 더 늦으면 당신이 공부하고 싶다고 해도 내가 여력이 안 될 거야."

결정적인 이 말에 난 그해에 대학원 원서를 넣고 말았다. 지금 와서 되돌아보면, 지난 10년 간 나를 키운 것의 80%는 남편이다.

42살에 국어국문학과 대학원에 입학해서 우여곡절도 참 많았다. 자식뻘 되는 청년들과 함께 공부하는 것도 힘들었고 하루가 다르게 변하는 IT세상에 적응하는 것도 힘들었다. 가정살림과 육아와 학업을 병행하는 것 역시 정말 힘들었다.

하지만 그 모든 어려움을 다 극복하고 나는 3년 만에 석사학위를 받았고 또 그로부터 3년 만에 박사과정까지 끝냈다.

2008에 작가로 데뷔해서 여러 권의 책을 내기도 했고 하고픈 공부를 끝마치고 이제는 내가 하고픈 일을 하고 산다. 대학에 강의도 나가고 간혹 인문학특강을 나가기도 하고 집필활동도 이어가고 있다.

내가 좋아하는 사람들과 나를 좋아하는 사람들이 늘 주변에 있고, 내가 좋아하는 일을 하고 있다. 이것들을 이루기까지는 참 고단했지만 지금은 그 고단함조차도 추억이 되었다.

앞으로도 나는 지금까지 그래왔듯, 쭉 이 고단함을 끌어안고 나아갈 것이다. 그것이 내가 지금까지 살아왔던 삶의 모습이기에.

남편은 혼자 벌어서 아이들 넷을 키우고 가르치고, 또 아내인 나까지 가르쳤다. 그것도 돈이 제일 많이 드는 대학원 과정을. 20여 년 전 사업 실패로 인해 수억 원대의 빚을 지고 도시로 나온 후 그 많은 일들을 해내면서도 수억 원에 달하는 빚도 다 갚아나갔다. 돈이 없다고, 가난하다고 해서 아이들을 구박하거나 원망하지 않았고 현실을 부정하지도 않았다.

아이들 이야기

첫째의 이야기

고등학교 2학년 때 실용음악과로 진학하겠다며 방향을 튼 첫째는 당연히 고3 입시에서 실패를 경험했다. 준비한 시간이 너무 짧았다. 특히 예술 분야에서는 얼마만큼 그 시간에 투자하고 연습했는가가 당락을 좌우하기 때문이다.

1년은 카페 아르바이트를 하며 재수를 했다. 그렇지만 그때에도 입시에는 실패했다. 그 다음 해에는 카페 매니저로 취직을 했다. 우리는 첫째가 대학진학을 포기한 줄로 알았다.

그해 가을 어느 날, 출근을 한 첫째에게서 전화가 걸려왔다. 대학에 합격했다는 것이었다. 대학을 포기해서 취직을 한 것으로만 알고 있는 나는 미안하면서도 고마웠다. 첫째는 저 혼자서 돈을 벌면서 묵묵히 대학을 준비했던 것이다.

물론 원하는 학과에 입학을 하고 졸업을 했지만 첫째는 가수가 되지는 않았다. 대신 예술공연 기획 쪽과 관련된 일을 한다. 그럼에도 후회는 하지 않는단다. 한때 열과 성을 다바쳐 열정을 불태웠기 때문에 얻은 것이 더 많다는 것이다.

아이 많은 집의 첫째라서 늘 양보만 하고 살았던 첫째. 여러 형제를 거느리느라 더 크고 멀리 볼 줄 아는 첫째. 그런 첫째라서 늘 내 마음 한켠에는 고마움과 미안함이 공존한다.

작년에는 첫째와 단둘이 여행을 다녀왔다. 오른쪽 발목 인대가 파열되어 수술을 하고는 석 달 가까이 휠체어 생활을 하느라 답답해하던 엄마를 위한 첫째의 특별선물이었다. 여행에 필요한 경비며 숙소, 음식 등의 제반 사항들을 모두 첫째가 계획하고 실행해주어서 나는 몸만 가면 되었다.

첫째는, 엄마가 이 나이가 되도록 자신과 단둘이 여행간 적이 한 번도 없다고 했다. 그래서 늘 마음에 걸렸었다고. 엄마는 늘 할머니를, 아빠를, 동생들을 돌보고 일도 하느라 바쁘게 살아서 자신의 차지가 되지 않았었다는 것이다. 그래서 이번에는 첫째를 위해 나의 시간과 의견을 전부 내주었다.

첫째는 나를 가장 많이 닮은 아이다. 그래서인지 공부를 좋아하는 것도, 책을 좋아하는 것도, 문화유적지나 자연을 좋아하는 것도 비슷하다. 심지어 식성이나 생활 습관까지도 비슷하다. 첫째가 짠 여행계획대로 따라다닌 이번 여행이 지금까지 내가 가봤던 제주도 여행 중에서 최고였다.

비록 눈이 많이 쌓여서 우리가 타려고 했던 비행기가 취소되고 다시 끊었지만 또 연착하고……. 그런 고생조차도 하나의 추억이 될 만큼 첫째와의 여행은 기억에 남는다. 네 명의 아이들 중 유일하게 둘만의 여행을 해본 적이 없었기에 더욱 애틋하다.

둘째의 이야기

고등학교에 입학한 이후부터 꾸준히 말썽을 부려오던 둘째는 결국 고등학교 1학년을 다 마치기도 전에 학교를 자퇴하고 만다.

을씨년스러웠던 가을의 어느 날, 그날도 학교에서는 아이가 오지 않았다고 연락이 왔다. 저녁 늦게 집에 들어온 아이를 붙잡고 얘기를 했다. 학교가 왜 그렇게 싫은지…….

"학교에 가면 난 그림자야, 엄마. 그냥 잘하는 애들 들러리나 선다고……."

난 아이와 상의 끝에 고등학교를 자퇴하기로 결정했다. 둘째는 학교가 싫고 수업이 싫으니 그 시간에 학교 밖을 배회하기만 했다. 학교 밖에는 온갖 유혹이 들끓었다. 나는 아이가 방황하는 그 시간을 줄여주고 싶었다.

주변에서는 난리가 났다. 그대로 정규학교는 졸업해야 하지 않겠냐는 의견이 지배적이었다. 하지만 나는 결정내린 이상 밀어붙였다. 아이도 순순히 동의했고 우리는 별다른 문제 없이 학교를 자퇴할 수 있었다.

둘째는 곧바로 대안학교에 다녔다. 다니던 고등학교는 집에서 아주 가까운 거리였으나 대안학교는 대중교통을 이용해서 1시간을 가야 하는 곳이었다. 그럼에도 아이는 대안학교 가는 것을 아주 즐거워했다.

그렇게 대안학교를 다니며 그 다음해(18살)에 고졸검정고시를 통과했다. 그러고는 군대 가기 전까지 제 아빠를 따라 건설현장에서 일을 했다.

2년 후 군대를 갈 때는 해군부사관을 지원해서 면접을 봐야 했다. 그때 면접관에게 했던 대답이 걸작이었다고 한다.

"왜 고등학교를 자퇴했어요? 군대 간부로는 자퇴생을 뽑지 않는 거 모르셨나요?"

"공부가 너무 싫어서 자퇴를 했지만 그 시간에 전 더 많은 것을 배울 수 있었습니다. 친구들이 책상에 앉아서 대학만을 향해서 책만 파고 있을 때 전 세상을 배웠습니다. 건설현장에 나가서 생생한 삶의 체험을 했습니다. 그 덕분에 또래들보다 2년 먼저 이 사회를 배웠기 때문에 자퇴한 걸 후회하지 않습니다."

결국 둘째는 해군부사관으로 임용될 수 있었고 6년의 군복무를 훌륭히 해냈다.

셋째의 이야기

유치원 때의 또래폭력, 친할머니의 언어폭력, 초등학교 때의 심리치료와 중학교 때의 또래멘토 활동 등 다양한 경험을 쌓으면서 셋째는 고등학교에 진학했다. 항상 뭔가 새로운 것을 찾아서 경험해보는 것을 좋아했고 도전하기를 즐겼다. 학교생활에 적응을 잘 하는 듯해서 한시름 놓았다.

그러던 어느 날, 셋째가 심각한 표정으로 대화를 청한다.

"엄마, 학교가 나를 품지 못해. 좁아 터졌어."

"네가 학교를 품어. 그러면 되지."

"아냐. 나는 더 넓은 세상을 품을 거야."

그럴듯한 말로 포부를 밝힌 셋째는 그 다음 날 당당하게 내게 자퇴신청서를 내밀었다.

둘째를 자퇴시킬 때는 자퇴를 할 때의 절차가 비교적 간단했으나 셋째를 자퇴시킬 때쯤에는 교육청의 방침이 달라졌다. 학교 밖으로 나간 아이들의 사고율이 높아지면서 나름대로 기준을 정한 것이다. 3주 간의 유예기간이 있었고 그 기간 안에는 심리상담을 받아야 했다. 동시에 학부모 상담도 받아야 했다.

셋째는 그 모든 과정을 미리 다 알아본 상태였고, 자퇴처리가 끝난 후부터는 '꿈드림센터'에 가서 검정고시 공부를 하겠다며 신청까지 해놓은 상태였다. 또 자퇴처리가 완료된 시점부터 6개월이 지나야 검정고시를 볼 수 있다는 것까지 알아봐서 11월 말까지 자퇴처리가 끝날 수 있도록 모든 걸 계획해놓은 채 내게 말을 꺼낸 것이었다.

이미 확고한 의지로 모든 걸 계획한 셋째에게 다른 말은 필요 없었다. 나는 아이가 내미는 학부모동의서에 사인을 해주었다. 아이는 부모님이 학교에 가봤자 똑같은 소리를 들을 텐데, 그럴 필요가 없을 것 같다며 아예 학부모동의서까지 가지고 와서 사인을 받은 것이다.

자퇴처리가 모두 끝난 후 셋째는 12월부터 1월, 2월까지 3개월 간 동면(冬眠)에 들어갔다. 자기만의 생각을 정리할 시간이 필요했으려니 생각한 나는 그냥 지켜보기만 했다. 하루 종일 짙은 커튼이 드리워진 컴컴한 방에서 석 달 동안 잠만 자던 셋째가 잠에서 깨어난 것은 2월 말이었다.

그때부터 햄버거 체인점에서 아르바이트를 하겠다고 해서 역시 학부모동의서를 써주었다. 셋째는 아르바이트를 해서 번 돈으로 용돈도 쓰고 공부도 하고 취미생활도 했다. 제 오빠와 마찬가지로 18살의 나이에 검정고시를 통과했고 그 성적으로 대학에 진학했다.

처음 진학한 대학에서의 전공은 공연연출이었지만 그 학교에서는 한 학기만 마치고 자퇴를 했다. 자신의 적성과 맞지 않는다는 것이었다. 그 해에 다시 대입시험을 봐서 두 번째 대학에 진학했다. 그 대학에서는 너무나도 신기할 정도로 잘 생활을 하고 있다.

두 번째 들어간 대학에서의 전공은 사진영상이었다. 사실 사진기는 만져보지도 못했던 아이가 사진으로 대학을 가겠다고 했을 때 합격하리라고는 생각조차 하지 않았다. 하지만 셋째는 당당히 합격증을 가져다주었다.

실기면접을 보러 가야 한다고 했을 때, 셋째는 검색을 통해 카메라 대여점을 찾아갔다. 그곳에서 카메라작동법 등의 간단한 기술만 익힌 채 카메라를 빌려서 시험을 보러 갔다. 그러고는 당당히 합격한 것이다.

나중에 알게 된 사실이었지만 당시 면접관들은 피사체를 바라보는 셋째의 관점을 높이 산 것이었다. 카메라기술은 시간이 지나면 자연스럽게 익숙해지는 것이고 얼마든지 늘 수 있지만 사물을 바라보는 관점은 조금 다른 분야였기 때문이다.

합격을 한 이후, 자신에게 조금만 투자를 해달라는 셋째의 부탁에 우리는 셋째에게 두 달 동안 특별과외를 시켜주었다. 함께 입학하는 동기들이 모두 오랜 시간 동안 입시를 준비하면서 학원을 다니고 과외를 받아왔을 텐데, 아무런 준비도 없이 입학하기는 싫다고 했다. 두 달이 비록 길지는 않은 기간이었지만 셋째는 그 기간만큼이라도 제대로 익혀서 입학하고 싶다고 한 것이다.

셋째는 사진영상 전공으로 학교에서 뽑아서 가는 외국봉사활동도 다녀왔다. 3주의 봉사활동 내내 카메라를 들고 다니느라 힘들기는 했지만 의미있는 봉사활동이었다고 했다. 봉사를 다녀온 이후에는 전과신청을 해서 면접을 본 후 무대미술 전공으로 전과를 했다.

하고 싶은 게 너무 많아서 일단 사진영상을 선택해서 대학에

왔는데 그것보다 더 절실히 하고 싶은 게 생겼다며 과를 바꾼 것이다. 무대미술을 전공으로 선택한 후 늘 무거운 짐을 나르거나 톱질, 페인트칠, 바느질, 전기선 설치 등 건설현장과 비슷한 일들을 하지만 정말 재미있다고 한다. 이제라도 적성에 맞는 과를 찾아서 다행이다.

소아불안척도에서 위험수위까지 갔던 아이가, 심리검사에서 ADHD 진단까지 받았던 아이가 이렇게까지 발전한 것을 보면 놀랄 정도다. 이제 셋째는 그 무엇에도 주눅들지 않는다. 몇 차례의 경험을 통해 이제 단단해지는 법을 배웠기 때문에.

넷째의 이야기

'코로나 세대'라는 말이 보편적인 어휘가 되었을 정도로 '코로나'는 우리 사회에 많은 변화를 가져왔다. 특히 코로나가 터졌던 2020년에 고등학교에 진학을 한 넷째는 코로나의 영향을 가장 많이 받은 세대 중 하나다.

코로나로 인해 중학교 졸업식도 못 갔고 고등학교 내내 제대로 된 수업도 받지 못했다. 고3 때가 되어서야 조금씩 학교에 나갈 수 있었는데, 그때에도 마스크를 쓰고 있어서 아예 서로의 얼굴조차 모르고 졸업을 한 친구들도 많다고 했다.

넷째가 초등학생이었던 2014년 세월호 사건이 터지면서 수학여행이 전면취소되어 넷째는 학창시절 수학여행 한 번 가지 못했다. 초등학교, 중학교 모두 수학여행이나 단체소풍이 취소되어서 가지 못했는데 고등학교에 입학도 하기 전에 코로나가 터지면서 아예 3년의 고등학교 학창시절이 다 날아가버린 것이다.

코로나로 인해 집에만 갇혀있던 그 시간들을 나는 넷째와 함께 더 알차게 보냈던 듯하다. 2020년초, 코로나가 터지고 팬데믹이 왔을 때 세계는 모두 당황했다. 그때는 아직 온라인수업도 활성화되어 있지 않아서 대부분 가정의 자율에 아이들 학습을 맡길 때였다.

나는 그때 넷째와 더 많은 추억을 쌓고 싶어서 무작정 아이를 데리고 나갔다. 가는 곳마다 방역이 강화되고 다수 인원의 집합이 금지되었던 그때, 나와 넷째는 단둘이 더 많은 시간을 보내야만 했다.

우리는 사람들이 모이지 않을 장소들만 골라서 여행을 다녔다. 산을 등반했고 한적한 바닷가를 거닐었다. 외출도 자유롭지 못한 사람들이 특히 가지 않는 곳, 문화유적지며 박물관 등을 다녔다. 그때 당시에는 심지어 고속도로조차도 한가했다.

정말 오랜만에 엄마를 오롯이 독차지하게 된 넷째는 마냥 즐거워 보였다. 집 책상에 앉아서 지겨운 책만 들여다보지 않아도 되고, 가는 곳마다 사람들이 없어서 엄마와 둘만의 즐거움을 만끽했다.

나 역시 대부분의 수업이 취소되어 마땅히 수업을 할 시간도, 장소도 없었기에 넷째와 어울려 한가한 시간을 보냈다. 돌이켜 생각해보면 그때만큼 걱정없이 편하게 여행을 즐긴 적도 없었던 듯하다.

2020년 하반기부터는 시간을 정해서 온라인수업을 들어야 했으나 이것 또한 이동하면서 들을 수도 있었기에 아이와 여행가는 것을 멈추지 않았다. 배경을 따로 설정해놓으면 현재 있는 곳의 위치가 드러나지 않는다는 것도 그때 알았다. 여러모로 편리한 IT 세상이다.

학교가 어느 정도 정상화되기 시작한 2021년 하반기부터는 정해진 수업 일정을 따라가기 시작했다. 물론 그때도 시간은 남아돌아서 아이와 자주 외출을 했었다. 나 역시 온라인으로 수업을 하다 보니 꾸미거나 이동하는 시간이 줄어들어서 비교적 시간 여유가 있었다.

넷째는 지금도 얘기한다. 그때가 가장 행복하고 즐거웠었다고. 다른 아이들은 그 시간을 그렇게 즐겁게 보내지 못했다고. 부모의 관심 밖에 있는 아이들은 주구장창 게임만 하거나 잠을 자기 일쑤였고, 부모가 간섭하는 아이들은 억지로 책상에 붙어앉아서 책을 보고 문제집을 풀어야만 했다.

'코로나'를 관통한 세대는 여러 가지 측면에서 문제를 일으키기도 한다. 사회성에서의 문제라든지 개인주의의 심화라든지. 그 시대를 관통한 소아·유아·청소년에 대한 보고 내용은 주변에서도 심심찮게 찾아볼 수 있다.

코로나를 겪은 후유증을 치료해야 하는 지금, 이 사회에서 우리의 아이들이 해야 할 몫은 무엇인지 심각하게 고민해봐야 할 때다.

나는 엄마다

깨달음은 거저 주어지지 않는다

막내가 6살이었을 무렵 몸에 이상이 생겼다. 이유없이 살이 빠지고 피곤했다. 음식도 잘 먹지 못했고 무기력해지기만 했다. 결정적으로 한 달에 한 번 있어야 할 것이 없었다. 온갖 걱정을 다 하며 병원을 찾았다.

아이들 넷을 낳을 때 난 첫째만 자연분만을 하고 둘째부터는 불가피하게 제왕절개수술을 하게 되었다. 그러다 보니 아이를 더 낳고 싶은 욕심은 있었으나 막내를 낳고는 아예 아이를 더 낳을 수 없도록 난관수술까지 했다. 이미 제왕절개수술을 세 번이나 하면서 아이들을 낳았기에 더는 위험하다는 것이었다.

당시만 하더라도 아이를 넷이나 낳아 기른다는 건 사람들의 조롱거리에 해당했다. "부부 사이가 좋으신가봐요." "욕심이 많으시네." "밤이 뜨거우신가 봐." 등, 사람들은 수위를 넘나드는 농담으로 우리 부부를 놀렸다. 지지리 돈도 없는 가난한 처지에 애만 많이 낳아서 애들 고생시킨다는 말도 있었다.

지금은 아이가 넷인 나를 전혀 다른 시선으로 본다. 질시와 모욕이 어느새 부러움과 칭찬으로 바뀌었다.

사람들이 왜 그렇게 애를 많이 낳았냐고 물으면 늘 이렇게 대답했었다. "겨우 넷인데요, 뭘. 많지 않아요. 이 아이들 하나하나가 이 사회에서 얼마나 큰일을 할 건데요."라고 말이다.

그렇게 네 명의 아이들과 전쟁과도 같은 하루하루를 살아가던 내게 닥친 건강의 적신호였으니 다들 긴장했다. 증상은 임신 초기와 비슷했지만 영구불임의 방법 중 하나인 난관수술을 했기 때문에 아이가 생길 수 있다는 건 생각조차 하지 못했기에 걱정은 더욱 컸다. 그래서 병원에 간 김에 내가 할 수 있는 모든 검사는 다 받았다. 그리고 마지막으로 초음파를 보게 되었다.

그런데 이게 무슨 일인가! 뜻밖에도 초음파기계에서 심장소리가 들리는 것이었다. 내 태중에 선명하게 보이는 그것은 분명 아기였다.

의사선생님은 아주 드물게 난관수술이 절로 풀려서 임신이 되는 경우도 있다고 하셨다. 하지만 난관이 풀리더라도 자궁외임신이 될 가능성이 높지, 나처럼 정상임신이 될 가능성은 더욱 낮다는 것이다. 만약 자궁외임신이 되었다면 일은 더욱 커지게 된다. 하지만 아주 건강하게 자궁 안에 착상이 된 아기는 아주 희박한 확률을 뚫고 자리를 잡은 것이었다.

마음이 많이 복잡했다. 막상 아이가 하나 더 생긴다고 하니 또 막막하기도 했다. 하지만 하늘이 준 생명을 죽인다는 건 말도 안 되었다. 개인병원이었던 그곳에서는 종합병원으로 갈 것을 추천했다. 산모가 제왕절개를 세 번이나 해서 위험하다는 것이었다.

종합병원에 가서 다시 진찰을 받으면서 낳을 수 있냐고 묻자

의사선생님이 확신의 대답을 해주었다. 조금의 위험은 있겠지만 내 몸이 아이를 낳기에 충분할 정도로 건강하다고 했던 것이다. 우리 가족은 자연스럽게 다섯째의 존재를 받아들였다.

일주일 후, 처음 갔던 개인병원에서 검사결과가 나왔다고 연락이 왔다. 그런데 이상이 발견되었으니 지금 다니는 종합병원에 가서 보다 정확한 검사를 받으라는 것이다. 개인병원의 검사결과를 가지고 종합병원 선생님에게 드리니, 지금은 임신 중이라 어떤 처치나 처방도 할 수 없고 출산을 할 때까지 기다려야 한다고 하셨다. 그래서 그 일은 그냥 넘어갔다.

그러나 온 가족의 바람과 달리 아기는 14주 만에 우리의 곁을 떠나버렸다. 예고도 없이 왔던 것처럼, 예고도 없이 그렇게 가버렸다. 난 종합병원의 차디찬 수술실에서 핏덩이 상태의 아기를 홀로 떠나보냈다.

계류유산을 한 후 3주 뒤 보다 정밀한 검사가 진행되었다. 조직검사 결과 자궁경부 이형증이라는 진단이 떨어졌다. 이것이 발전하면 상피내암이나 자궁경부암으로 갈 확률이 높은 바이러스성 질환이었다. 치료방법으로는 원추절제술이라고 하여, 변형이 생긴 세포를 긁어내는 것이었다. 그나마 빨리 발견이 되어 세포수술로만 완치가 가능하고 더 발전했다면 자궁적출을 해야 할 것이고, 그것도 지나 암으로까지 가게 되면 문제는 더욱 커진다고 했다. 이것이 어느 정도 진행이 될 때까지는 발견이 정말 어렵다고도 했다.

순간 정신이 아찔했다. 아무런 증상도 없이 커져만 가는 병. 그냥 두었더라면 걷잡을 수 없이 커졌을 수도 있는 병을 새 생명이 살려준 셈이었다. 임신 초기 증상이 아니었다면 병원을 찾지도 않았을 것이고, 임신이 불가능하다는 것을 몰랐다면 다른 검사를 일체 하지 않았을 것이다. 하지만 전혀 생각하지도 못했던 임신 덕분에 검사를 하면서 알게 된 병이었으니, 이는 아기 스스로 엄마를 살리려고 하늘에서 왔다가 바로 돌아간 셈이었다.

누군가 내게 말했다. 신이 당신을 정말 많이 사랑한다고. 그러니 이런 방법으로 지켜주는 것이라고.

또 누군가는 말했다. 이 세상에서 당신이 할 일이 정말 많은가 보라고. 그래서 이렇게 미리 발견해서 살려주는 거라고. 앞으로도 많이 베풀면서 살라고.

이 일을 함께 겪으면서 우리 가족들은 전보다 더 성장하고 단합했다. 언제나 많은 대화와 노력으로 서로의 사이가 좋았던 가족들이었지만, 엄마가 무너지면 가정이 무너진다는 아빠의 말을 들으며 더욱 엄마의 존재를 새롭게 받아들인 것 같다.

나는 엄마다

난 내 아이들이 나처럼 살기를 바라지 않는다. 하지만 나처럼 살겠다고 하면 또 말리지도 않을 것이다. 각자 고통을 이겨낼 수 있는 역량이 다르기에 겪을 수 있는 고통 또한 다르겠지만, 나와 같은 고통들을 겪고 살아야 한다면 기꺼이 그것들을 이겨낼 수 있도록 도와줄 것이다. 그럼에도 내 자식에게는 내가 겪은 고통이 비껴가길 비는 건, 역시 부모의 마음이 이기적일 수밖에 없어서일 것이다.

내가 겪어야 했던 가난한 삶, 또 정신적으로 육체적으로 힘들었던 고난들은 내 자식들이 물려받지 않았으면 싶지만, 내가 가진 희망과 긍정적인 사고는 유산으로 남겨주고 싶다.

어떤 역경에서도 굴복하지 않고 이겨낼 수 있는 힘. 남들에게 억척이라는 소리를 듣지 않아도 남 몰래 큰 뜻을 품을 줄 아는 힘. 당장 하루 살아가는 것이 너무 힘이 들더라도 웃을 수 있는 여유를 가르치고 싶다.

내가 겪은 수많은 역경 중 한 구절만 들은 사람이라도 내게 꼭 물어보는 말이 있다. 늘 웃고만 다녀서 전혀 힘들어 보이지 않았는데 그렇게 힘든 일들이 있었냐고……. 난 그것이 내가 이기는 길이라고 생각한다.

아무리 힘이 들어도 남들에게 절대로 내색하지 않는 것. 도와달라고 이유 없이 손 벌리지 않고 아픈 것을 드러내지 않는 것. 그리고 언제나 씩씩한 모습을 보여주고 희망을 품고 사는 것이라고 말이다. 불행과 아픔을 전시하는 것은 내 성향과도 맞지 않는다.

내가 마침내 승리한 이후에는 그동안 겪어온 고통들을, 또 그것들을 이겨낸 이야기들을 들려주면 지금 불행에 처한 사람들에게 희망을 줄 수는 있을 것이다. 또 그로 인해 많은 사람들이 힘을 얻기도 한다.

우리 부부가 한 것 중에서 가장 잘 한 일이 아이들을 많이 낳아 키운 것이라고 자부한다. 아이들의 입을 통해서 들은 말 중에서 가장 보람된 말이 있다. 셋째가 해외봉사를 가면서 보았던 면접에서 나온 말이다.

"저 역시 정부지원을 받고 자란 학생입니다. 가난하고 지저분한 도시의 골목에서 어린 시절을 보냈어요. 하지만 우리 부모님은 가난해도 불행하지 않을 수 있다는 걸 가르쳐준 분들입니다. 가난했지만 돈이 전부가 아니라는 것도 가르쳐준 분들입니다. '우리'라는 가치를 가르쳐주셨고, 이 세상에는 돈보다 더 귀중한 것들이 존재한다는 것을 가르쳐준 분들입니다. 그래서 제가 배운 가치를 세상에 베풀면서 살고 싶습니다."

　서로 다른 환경에서 태어나고 자라 부부로 맺어지는 우리들. 그 연결고리는 언제나 '엄마'이다. 우리가 평생을 살아가면서 늘 첫 번째 키워드가 되는 것 또한 '엄마'이다. 그리고 나를 비롯한 세상의 모든 엄마들은 '엄마이기 때문에' 할 수 있는 것, 또 '엄마이기 때문에' 하지 못하는 것들이 많을 것이다.
　그 모든 것들을 다 포용하고 수용할 수 있는 엄마라는 위치. 그것을 부담스러워하기보다는 즐겼으면 좋겠다. 내게 주어진 엄마라는 이 직책이 얼마나 행복한 자리인지 인식했으면 좋겠다. 나에게 준 수많은 이름들 가운데에서 '엄마'라는 이 이름만큼 귀하고도 아름다운 이름은 없을 테니까.
　내가 살아가고 있는 현재도 '엄마이기 때문'이고, 내가 살아갈 수 있는 에너지도 '엄마이기 때문'이고, 내가 살아가야 하는 이유도 '엄마이기 때문'에. 세상의 모든 엄마들에게 자랑스럽게 외치라고 주문하고 싶다. '나는 엄마다!'라고.

부록 말일기

셋째의 말일기

〈태어난 지 6년 5개월 22일〉

2월 말, 초등학교 입학을 며칠 앞둔 어느 날이다.

셋째 ; 엄마, 아빠가 엄마한테 애기씨를 네 개를 줘서 언니, 오빠, 나, 막내가 태어난 거야?
엄마 : 그렇지. 근데 왜?
셋째 : 근데 엄마. 아빠가 엄마한테 준 애기씨 중에 하나가 이상해.
엄마 : 뭐가?
셋째 : 아빠가 준 애기씨는 다 좋은데 그 중에 하나가 불량 애기씨인가 봐. 아빠가 엄마한테 준 애기씨 중에 불량 애기씨가 바로 넷째잖아. 내가 넷째 때문에 얼마나 괴로운 줄 알아?

동생 때문에 오죽이나 힘이 들면 아빠의 애기씨까지 들먹이며 힘들다고 토로할까……

〈태어난 지 6년 7개월 20일〉

초여름 날씨다. 셋째랑 오후에 외출을 하고 왔다. 셋째는 자전거를 타고 나는 그 자전거 꽁무니를 따라 힘껏 달리면서 시장을 한 바퀴 돌았다. 아이는 신이 나서 자전거를 달렸다. 뒤따라 뛰는 엄마가 헉헉거리는 것을 보면서 마냥 즐거운 모양이다.

셋째 : 엄마, 힘들어?
엄마 : 그럼, 힘들지. 헉헉…….
셋째 : 히히. 덕분에 운동도 하고 좋잖아.
엄마 : 그래. 셋째 덕분에 엄마가 운동도 하고 예뻐지겠는 걸?
셋째 : 어, 근데 엄마! 너무 예뻐지면 안 되는데?
엄마 : 왜?
셋째 : 유치원 때 친구들 엄마가 예뻐지면 꼭 이상해지더라.
엄마 : 어떻게?
셋째 : 혜린이(가명)가 자기네 엄마 예쁘다고 막 자랑하고 나서 걔네 엄마 없어졌잖아. 재희(가명)네 엄마도 그렇고…….

아이의 생각이……. 여자가 예뻐진다는 것을 두고 이 어린 아이들이 이런 생각을 하는구나. 그 두 아이의 엄마는 모두 가정을 버리고 도망을 쳤던 것이다. 아이들은 때론 우리가 생각하지 못하는 부분까지도 알고 있다.

〈태어난 지 8년 4개월〉

아이와 함께 병원에 가던 길이었다. 저만치 앞에서 어떤 엄마와 두 아이들이 걸어가고 있었다. 그런데 그 중 조금 큰 남자아이가 손에 들고 오던 봉지를 떨어뜨리고 말았다. 중학생 정도로 보이는 사내아이는 무가 든 봉지를 돌리며 장난을 치다가 떨어뜨린 것이다.
"너는 왜 이렇게 멍청하니? 그런 것조차 하나 제대로 못 들고!"
함께 걸어가던 엄마가 아들에게 소리를 지른다.
그 옆을 지나가면서 셋째가 내게 속삭인다.

셋째 : 엄마, 저 아줌마는 실수한 걸 가지고 왜 짜증을 내?
엄마 : 무가 떨어져서 깨졌으니까 화가 난 거겠지.
셋째 : 그래도 실수한 거잖아. 엄마는 우리가 실수한 거로는 화내지 않잖아.
엄마 : 엄마도 가끔 짜증내잖아.
셋째 : 엄마는 우리가 잘못했을 때는 야단을 쳐도 실수했을 때는 야단 안 쳐.
엄마 : 그러니? 그럼 이런 상황이었을 때 엄마라면 뭐라고 했을까?
셋째 : 엄마라면 '무가 바닥에 떨어져서 아프겠다' 하면서 우리를 웃게 만들었을 거야.

아이가 무심코 내뱉는 말을 통해 아이가 바라보는 내 모습을 알 수 있었다. 그래도 내가 아이에게 좋은 모습을 보여주고 있구나 안심했다.

막내의 말일기

〈태어난 지 4년 1개월〉

온 가족이 모처럼 외식을 하러 고깃집을 갔다. 불판 위에서는 고기가 한참 익어가고 있었다. 고기가 익는 사이 남편과 함께 첫째를 놀리다가 그 말끝에 내가 이렇게 덧붙였다.
"내 말이!"
그 말 끝에 남편이 뭐라고 말을 하자 또 그 말에 이어서 둘째가 말한다.
"내 말이!"
그 말 끝에 잠자코 있던 넷째가 대뜸 한마디 한다.
"난 다섯 마리!"
푸하하하. 온 가족이 웃음을 터뜨렸다. 저만 빼고 가족들이 모두 웃자 어리둥절한 넷째는 울상이 되어버렸다.
"넷째야, 왜 다섯 마리라고 했어?"
"엄마랑 오빠는 네 마리 먹는다며? 그러니까 난 다섯 마리 먹을 거라고!"
뽀루퉁하게 입이 나와서 대꾸를 하는 막내가 참 귀엽다. 그러다 곧 우리가 껄껄껄 웃는 것을 보고는 뭔가 눈치를 챘다는 듯 다시 한마디를 툭 던진다.
"뭐, 그럼 나도 네 마리 먹지, 뭐."

〈태어난 지 5년 10개월 25일〉

다섯 번째 아이를 임신했다가 계류유산으로 잃고 난 후의 일이다.

넷째 : 엄마, 나 이제 동생 필요없어. 만들지 마.
엄마 : 왜?
넷째 : 나, 토끼가 예뻐졌어. 토끼 키울래.
엄마 : 집에서 어떻게 토끼를 키우니?
넷째 : 넓은 집으로 이사가면 키울 거야.
엄마 : 그럼 정말 동생은 필요없는 거지?
넷째 : 응. 근데 똥은 엄마가 치워.
엄마 : 그런 게 어딨어? 네가 키운다고 했으면 당연히 똥도 네가 치워야지.
넷째 : 싫어. 나는 먹여주고 보살펴주기만 할 거야. 똥은 더럽단 말이야. 그러니까 똥은 엄마가 치워.

결국 '똥은 엄마가 치워야 한다'는 쪽으로 결론을 내리고는, 토끼를 키울 생각에 저 혼자 신이 나서 싱글벙글이다. 암튼, 웃긴 녀석이다.

〈태어난 지 5년 11개월 9일〉

저녁 시간, 막내가 누워있는 아빠를 올라타더니 마치 말을 타는 것처럼 아빠를 괴롭힌다. 아빠가 한참 놀아주다가 힘이 들어서 바닥에 엎드려 버렸다.
아빠 : 넷째야, 아빠 너무 힘들다. 그만하자.
넷째 : 힘들어, 아빠? 건전지 떨어졌어?
아빠 : 응.
넷째 : 잠깐만 기다려. 건전지 보충해줄게.

그러더니 주방으로 달려가서 떡을 하나 집어서 제 아빠의 입에 쏙 집어넣는다.

넷째 : 아빠, 이제 됐지? 자, 다시 시작!

할 수 없이 아빠는 떡 하나를 씹으며 또 한참을 놀아줘야 했다. 하지만 또 금세 체력이 바닥나서 엎드린다.

넷째 : 잠깐 기다려. 내가 또 건전지 가지고 올게.

그러면서 이번에는 초콜릿을 한 조각 집어다 아빠의 입에 넣어준다. 아빠는 여우같은 막내가 예뻐 죽겠으면서도 아이의 뜻에 맞춰 놀아주느라 아주 힘들었다.

추천사

이 책을 쓴 김선미씨는 매우 겸손한 작가다. 대부분의 부모는 "내 아이는 내가 제일 잘 안다."는 근거없는 자만에 사로잡히기 마련인데 이 책의 저자인 김선미씨는 아이를 공부한다고 했다. 공부란 모르는 것을 배우고 익힌다는 뜻을 가지고 있는데, 네 아이를 키우면서 자신의 신념대로 잡아 끌지 않고 아이들을 공부한다고 했다.

럭비공과 아이들은 튀는 곳을 알 수 없다고 하였다. 아이들은 끊임없이 문제를 가지고 왔다. 문제를 마주하게 되면 저자는 많은 시행착오을 겪으면서도 사랑과 인내로 하나하나 실꾸러미 풀 듯 풀어갔다.

저자는 이러한 과정을 한 줄 한 줄 써나가 책으로 엮었다. 이름난 학자의 이론이 아니라 평범한 엄마가 사랑과 정성으로 아이들을 이해하고 함께 문제를 풀어간 이야기를 '1장 인내, 2장 소통, 3장 관심, 4장 감동, 5장 엄마'로 나눠 엮어 읽는 사람들의 이해를 높였다.

이 책이 초판으로 나왔을 때 어렸던 네 명의 자녀는 이제 몸과 마음이 건강한 어른이 되어 사회의 한 일원으로 활동하고 있을 뿐만 아니라 작가가 돌봐 주었던 이웃집 아이들도 모두 잘 자랐다. 이 책의 검증이라고 할 수 있다.

방울방울 떨어지는 낙숫물이 바위를 뚫는다고 했다. 김선미씨는 이 책을 다시 세상에 내놓으려고 한다. 세상이 변하고 아동 교육 이론서가 서점가에 빼곡하지만 <아이를 배우는 엄마>는 제목만으로도 진리처럼 모든 부모에게 강한 임팩트를 줄 것이다.

동화작가 소중애

아이를 공부하는 엄마

발행일 2025년 4월 21일
지은이 김선미
엮은이 김다솔
디자인 구나영(표지·캐릭터), 김효주(내지)

발행처 방토와 능소니네
등록일 2024년 3월 27일 (제2024-19호)
이메일 bangtobear@gmail.com

ISBN 979-11-987324-0-8 03810
ⓒ 김선미, 2025, Printed in Korea

값 16,000원

이 책은 저작권법에 따라 보호받는 저작물이므로 무단 전재와 무단 복제를 금지하며, 이 책 내용의 전부 또는 일부를 이용하려면 반드시 저작권자와 출판사 방토와 능소니네의 서면 동의를 받아야 합니다.

이 책에는 표지와 본문에 '태나다', '안단테', '제주고딕', '제주명조', '을유1945', '나눔바른고딕' 글꼴을 사용했습니다.